LA MASACRE DE VIRGINIA TECH

LA MASACRE DE VIRGINIA TECH

Juan Gómez-Jurado

Primera edición en esta colección: Julio de 2007

© Juan Gómez-Jurado, 2007
© de la presente edición, 2007, Ediciones El Andén, S.L.
Avenida Diagonal, 520, 4.º, 1.ª - 08006 Barcelona

Printed in Spain
ISBN: 978-84-935789-4-7
Depósito legal: B. 30854-2007

Fotocomposición: gama, sl
Arístides Maillol, 9-11 - 08028 Barcelona

Impresión y encuadernación: LIBERDÚPLEX, S.L.U.
Ctra. BV 2249 Km. 7,4. Polígono Torrentfondo
08791 Sant Llorenç d'Hortons (Barcelona)

TNA 578947

Vuestros mercedes no eran suficientes, esnobs
CHO SEUNG-HUI

A veces, cuando miras al abismo,
el abismo te devuelve la mirada
FRIEDRICH NIETZSCHE

El dolor es el megáfono de Dios en un mundo sordo
C.S. LEWIS

AGRADECIMIENTOS

Quiero dar las gracias ante todo a Michael Jarolla por su valioso tiempo, su sabiduría y la introducción de este libro. A James Graham, por su ayuda con las fuentes. A Julie Meridian y Alice Nakagawa, que como siempre ayudaron en la documentación.

A Josep Forment, editor de este libro, por su trabajo incansable incluso en circunstancias personales adversas. A Antonia Kerrigan, que es la mejor agente del mundo. A Manuel Soutiño, que leyó un primer borrador del libro y me apuntó en la dirección correcta con sus valiosos comentarios.

Y como siempre, a las tres personas más importantes de mi vida. A Katu, mi mujer, que tiene una paciencia infinita y es la responsable de que mi sueño de ser escritor se convirtiese en realidad. Y a Andrea y Javier, que son todo.

www.juangomezjurado.com

INTRODUCCIÓN

LA MENTE, ESE MATERIAL TAN VOLÁTIL

por Michael E. Jarolla,
ex *profiler* y consultor de psicología forense

Una mañana, un individuo perturbado acude armado a su escuela, universidad o centro de trabajo y comienza a disparar. Ésa puede ser una conclusión valida, objetiva para los medios de comunicación, pero para los que tratamos con las mentes más complejas e inasibles de la humanidad, eso no es más que el primer ring de una larguísima conversación telefónica que, eventualmente, puede interrumpirse antes de tiempo. Los expertos en análisis del comportamiento hemos sido retratados por la cultura popular (incluyendo al autor de este libro) como cazadores de asesinos en serie. No siempre es así.

Aunque los crímenes seriales forman parte importante de nuestro trabajo, también han cobrado en los últimos años importancia temas tan críticos como el terrorismo o los asesinatos en masa. En resumen, cualquier campo en el que, introduciéndonos en la mente del *offender*, podamos anticipar sus movimientos y prevenir crímenes que tienen altas probabilidades de repetirse. Por desgracia, nuestra única herramienta de trabajo es el primer escenario. En un caso extremo como el de la masacre del Virginia Tech, sólo podemos recomponer los pedazos y cruzar los dedos para mejorar nuestras herramientas de detección.

Eran poco más de las 12 PM del lunes 16 de abril. Mi vuelo

acababa de aterrizar en Reno, Nevada, donde había ido por asuntos personales. Al bajar del avión y encender el celular, me encontré con 19 mensajes de voz. Antes de poder revisarlos me entró una llamada. Era Juan Gómez-Jurado. Desconozco si es una costumbre española, pero Juan nunca dice quién es cuando llama por teléfono. Empieza a hablar, a bromear y espera que tú le reconozcas. Por suerte, su acento hispano y su incurable vicio de confundir los pronombres *he* y *she* —en su, por otra parte, perfecto inglés— le hace muy identificable. Sin embargo, aquel día me sorprendió. No me preguntó por mis hijas ni por mi trabajo. Simplemente me dijo que pusiera la tele. «No puedo, estoy en el aeropuerto», le respondí. Me pidió que me acercase a un bar y colgó.

Cuatro minutos después me encontraba en medio de un semicírculo de curiosos que rodeaban una pantalla de televisión en un restaurante de comida rápida. Los empleados habían dejado de servir comidas, la línea (cola) se había roto y todos contemplábamos las horribles noticias que llegaban desde Virginia a través de la CNN.

Juan me llamó de nuevo al poco tiempo. Cuando me dijo que estaba en Estados Unidos para la promoción de su primera novela, no me costó mucho imaginar que ya había comprado un billete en el primer vuelo a Virginia. Efectivamente. Me pidió que le acompañase, pero yo no podía. Prometí ayudarle a través de la Blackberry y él prometió no ser muy pesado, cosa que no cumplió. He de confesar, con la total libertad que me ha dado para escribir esta introducción, que llegó a convertirse en una auténtica pesadilla en las dos semanas siguientes. Juan es realmente agotador, pero a la vez una persona amable y persistente que consigue convencerte de todo con una sonrisa y una botella de Dom Perignon.

A lo largo de mi carrera he ayudado a varios escritores a desarrollar sus personajes de ficción. De todos los que he conocido, Gómez-Jurado es el que hasta ahora ha demostrado mayor obsesión con las raíces del mal. Durante el tiempo en el que le ayudé a construir el personaje de Viktor Karosky para su novela *Espía de Dios* o el del terrorista suicida de *Contrato al Paraíso*, creo haberle escuchado —o leído— la palabra *WHY?*[1] más de novecientas veces. Y precisamente ésta es la pregunta a la que intenta responder este libro.

Éste no es un tratado de psicología forense, aunque créanme, Juan sabe mucho del tema. Es un reportaje amplísimo, en el que se intenta dar *the whole picture*, una imagen global de la tragedia de Cho Seng-Hui. Por carecer de la urgencia y las limitaciones de los periódicos, un reportaje meditado y bien estructurado como éste nos da una perspectiva de 360° que el periodismo diario no puede alcanzar. Además, viene a corregir muchos de los graves errores que han aparecido en los medios, el mayor de ellos: diagnosticar a Cho como un psicópata, en lugar de un psicótico con desorden alucinatorio de tipo persecutorio.

No quiero concluir sin darles un aviso: la enfermedad que sufría Cho es poco común, pero la despreocupación por la salud mental es lamentablemente muy común. Si conocen a alguien con problemas o mentalmente inestable, que aparente vivir con normalidad, por favor, póngalo en conocimiento de las autoridades. No tengan miedo de equivocarse. No se escuden tras la frase *Is not my business*. Mirar a otro lado sólo conduce al desastre, como, por desgracia, quedó claro en Virginia Tech.

---

1. *¿Por qué?*, en inglés.

1

Viaje al corazón de la cebolla

La mañana del lunes 16 de abril de 2007 me encontraba en los estudios de Univision Radio en Nueva York, donde tenía una entrevista a las diez de la mañana. En una de las pausas publicitarias, una noticia de la CNN llamó mi atención. Aparecía una foto del campus de Virginia Tech, y la CNN hablaba de un muerto en un tiroteo. En aquel momento era la única información que cono-

La ciudad de Roanoke, Virginia

cíamos, ignorantes de la tragedia que estaba teniendo lugar a tan sólo 395 millas.

Cuando concluyó la entrevista, la cifra oficial de muertos había subido hasta siete, y mi curiosidad periodística clamaba a gritos por una conexión a Internet y un teléfono. Por desgracia aún tenía una firma de libros esa mañana, y no fue hasta el mediodía cuando me vi libre de la encantadora Amanda Walker (una de mis publicistas en Penguin Books) y pude meterme en el cibercafé más cercano. Reuters informaba de un importante tiroteo en la Virginia Tech, con ocho muertos y más de 20 heridos. Las imágenes de la matanza de Columbine asaltaron mi cabeza. Llamé a España y pregunté a Ernesto Sanchez Pombo, el subdirector de *La Voz de Galicia*, si quería levantar mi columna del día siguiente (en la que hablaba sobre el escándalo de Wolfovitz al frente del Banco Mundial) y sustituirla por una reflexión sobre la violencia. Ernesto estuvo de acuerdo. Volví al apartamento y comencé a escribir la columna. A las dos y media de la tarde las noticias ya hablaban de 22 muertos, y yo supe que no podía quedarme en Nueva York. Había plazas libres en el último vuelo a Roanoke, Virginia, vía Washington, si me daba prisa.

Ni siquiera metí el neceser en la mochila porque eso me retrasaría en los aeropuertos. Cogí sólo el portátil, el móvil, mi libreta *Moleskine* y algo de ropa interior. Lo embutí todo en la bolsa bandolera y me subí a un taxi en dirección al aeropuerto de La Guardia. Mientras hacía cola para pasar el control de seguridad, mi mirada se quedó clavada en una mesita en la que los pasajeros iban dejando botellas de agua a medio beber y mecheros de chispa de los de euro. La ironía de no poder subir a un avión con una botella de agua y poder comprar un arma en cualquier esquina es una de las que construyen la personalidad de este país fascinante y desquiciado que es los Estados Unidos de América.

Terminé la columna al llegar a Washington, sabiendo al bajar del avión que había más de treinta muertos. Por suerte, el aeropuerto de Dulles no es demasiado grande y la puerta del vuelo de la United Express hasta Roanoke no estaba lejos, porque llegué con el tiempo justo. Poco más de sesenta minutos de vuelo y aterricé en Roanoke a las seis y media de la tarde, a tiempo de ver cómo el sol se ponía sobre las colinas. En aquel momento me pregunté qué demonios estaba haciendo allí. Ni siquiera sabía con claridad qué es lo que había ocurrido, pero ya era un poco tarde para volverse a Nueva York, al tedioso y confortable aburrimiento de la promoción del libro. Con perspectiva, ahora sé que es precisamente eso de lo que estaba huyendo. Soy un periodista de 29 años que, además, escribe novelas, y en aquel momento hacía aquello que me han enseñado: aprender qué es lo que estaba sucediendo, aunque sólo fuera para contármelo a mí mismo.

Roanoke tiene 292.000 habitantes.[1] Es la ciudad más cercana a Virginia Tech, apenas una hora en coche de Blacksburg, el pueblo en el que se encuentra esta señera universidad, fundada en 1872. Aunque cabe preguntarse si Blacksburg se halla en Virginia Tech, porque de sus 39.573 habitantes el 60% (unos 24.000) son alumnos o profesores de la Universidad, y más del 23% restante presta servicios a la VT, como es más conocida en esta parte del mundo.

Durante esos 65 kilómetros, que hice en un confortable todoterreno con tres periodistas de TV a los que conocí en el avión —los de nuestra clase nos reconocemos a distancia e intimamos rápido, aunque sólo sea como excelentes compañeros de juerga—, los colegas me preguntaron qué significaba para mí aquella pequeña aventura que estaba viviendo.

Para un periodista europeo, el viaje era una metáfora perfecta de las capas de América. Había partido del brillo de metal y acero que es Nueva York. La Gran Manzana no es EEUU, ni se le parece. Nueva York es un país independiente con 8 millones de habi-

1. Según el censo de 2005.

tantes, la mayor mezcla de razas y culturas del mundo. Luego el vuelo a Washington, la aburrida, desagradable, gubernamental y marmórea capital. Después Roanoke, una ciudad pequeña, provinciana y de clase media, pero aún un peldaño por encima de los pueblecitos como Blacksburg, donde los estudiantes miran por encima del hombro a los lugareños durante cuatro años antes de partir en pos de su dorado futuro como directivos de multinacionales y su infarto a los cuarenta.

Y hay aún peldaños descendentes. Más al Oeste, en los pequeños pueblos de Iowa y Nebraska, donde el vecino más cercano está a seis kilómetros y no hay nada más que metro y medio de nieve en invierno y un calor abrasador en verano, en eso que los americanos llaman *Heartland*,[2] lo único que crece es maíz y desesperación. Un terreno abonado para los tiroteos, ya que en el corazón de EEUU se producen cada año centenares de muertes en tiroteos —aunque no en una escala tan descomunal como el que íbamos a cubrir—. Algo que sabe muy bien Peter Geffon, uno de los compañeros que viajaban conmigo en el todoterreno aquella tarde.

Peter es un tipo rubio, alto y espigado, de rasgos angulosos y peinado perfecto, lo cual es casi obligatorio para los periodistas de televisión en EEUU, al igual que es costumbre que el jefe sea el que conduzca. Recorríamos una carretera sinuosa —toda esa zona de Virginia es un cúmulo de valles y colinas— y Peter gesticulaba, fumaba y ocasionalmente ponía una mano en el volante. Yo iba sentado en el asiento del copiloto y procuraba no discutir demasiado con él, pues cuando se exaltaba se olvidaba de la conducción. Me asombró la pasión y la vehemencia con la que despotricaba de ese absurdo mito que es *the Heartland*.

—Cagarros de cuervos en el maíz, olor a establo, pobreza e

2. La traducción más correcta es: «El lugar donde reside el corazón de nuestra tierra».

Blacksburg, Virginia

incultura. Eso es Kansas, *Guan*.[3] Mi tío aún sigue creyendo que Nueva York es la capital de Estados Unidos y que España está debajo de México.

—Me suena un poco a cliché, Peter.

—Cliché y una mierda. Cliché es eso de *Heartland* que se vende en los libros y en las películas. ¿Un lugar mítico de valentía y bondad, el corazón de los USA? ¡Ja! Somos un pueblo de paletos amargados, llenos de frustración y rabia interior. ¿Habéis oído hablar en Europa de la Guerra de Secesión?[4]

—Claro, Peter.

—Pues en *Heartland* —lo dice con retintín— los esclavistas

3. Los americanos tienen una curiosa incapacidad de pronunciar Juan correctamente.

4. La Guerra de Secesión (1861-1865) fue un grave conflicto en el que 11 estados se separaron de los EEUU declarando su derecho a la independencia. El abolicionismo de la esclavitud fue una de las principales causas, algo a lo que los estados rebeldes no estaban dispuestos en absoluto.

no luchaban región por región. Peleaban pueblo a pueblo, granja a granja, metro a metro.

—¡Dios!

—Ahora que lo nombras... los de peor clase son los que llevan la Biblia en el cerebro.

—¿Los que creen que la Biblia es el único libro que deben leer en su vida?

—Y aún peor. Los hay que creen que Jesús vendrá a cambiarles la rueda pinchada del coche si rezan con fuerza.

—Hablas de fanatismo religioso mezclado con aburrimiento...

—La combinación más jodidamente peligrosa. Piensa en un cristiano renacido como lo era mi padre. Ese cristiano se pasa el día en su pequeño negocio o doblando la espalda en la fábrica o en el campo. Lo único que hace al llegar a casa es abrir una cerveza y pegar a su mujer. Los sábados, pegarla y follársela. Y los domingos, ir a la iglesia. Eso no es como en Europa. Cuando estos tíos van a misa no van a rezar, van a oír música rock, bailar, volverse locos y soltar adrenalina. Los domingos por la noche pocas mujeres reciben una paliza en Kansas.[5]

—Bueno, yo la imagen que tenía de Kansas es la de Jonathan y Martha Kent.[6]

—¡Ja! Si un extraterrestre hubiese aterrizado en el campo de mis padres, estos lo hubieran quemado vivo. Con ayuda del pastor, seguramente.

5. Pido perdón por la crudeza del diálogo, pero es necesario para comprender los sentimientos de Peter, que son los de muchos americanos originarios del Medio Oeste respecto a la violencia inherente a la identidad de su país. En sucesivas páginas el lector comprobará que no he puesto paños calientes a las voces de las personas.

6. Los padres adoptivos de Superman, dueños del campo en el que aterriza el pequeño Kal-El, procedente del planeta Krypton. Los Kent son una pareja adorable, que le cuidan como a un hijo y le enseñan a luchar por «la verdad, la justicia y el modo de vida americano».

—Desde luego la imagen no es demasiado idílica, Peter.

—Cada vez que hay un tiroteo, cada vez que a algún pirado se le cruzan de verdad los cables y en lugar de tirarse de un granero asesina a hachazos a su familia o va a la oficina de correos a volarle la cabeza a su cartero, siempre hay un columnista idiota que dice la frase que más odio en el mundo.

—¿Cuál?

—Que *the Heartland* está perdiendo su inocencia. Qué coño de inocencia hay en el infierno, me pregunto yo.

Y con esas palabras, casi proféticas, pasamos aquella noche a toda velocidad el cartel de «BIENVENIDO A BLACKSBURG, VIRGINIA. UN LUGAR SEGURO», y empieza esta historia.

2

UN FRÍO LUNES DE ABRIL

Harper Hall al amanecer

LUNES, 16 DE ABRIL DE 2007.
04:59 HARPER HALL, DORMITORIO 2121

La noche cubre el campus de Virginia Tech, y un viento desapacible estremece las ventanas de Harper Hall, una de las residencias de estudiantes de la zona sur. Entre sus muros residen 249 alumnos, en dormitorios de cuatro a seis ocupantes con baño compartido. Cada uno de los dormitorios se divide en tres cuartos, con dos camas y dos escritorios. Es un edificio austero, nombrado orgullosamente con el nombre de Laura Jane Harper, la primera mujer que ejerció el puesto de decana en la VT, allá por 1960.

31

Joe Aust, de 19 años, era el compañero de cuarto de Cho

A pesar de que Harper Hall es una residencia moderna (data de 1999) los aislantes de los cristales del dormitorio 2121 dejan mucho que desear, y por eso el aullido del viento y las ganas de orinar despiertan a Joe Aust, el compañero de cuarto de Cho.

Mientras camina hacia el baño ve entre la bruma del sueño que Seung —el nombre con el que los cinco ocupantes del dormitorio 2121 conocen al sexto en discordia, el silencioso Cho— está sentado frente a la pantalla del ordenador. Joe recordará más tarde que no oyó ruido de teclas. Quizás Cho estuviese navegando por Internet —entre los favoritos de su ordenador se han encontrado varias páginas con mapas detallados de la Universidad— o repasando lo que tenía previsto hacer aquel día. Si era esto último, lo desconocemos, pues varios archivos clave de su computadora han desaparecido.

Pero Joe no presta mayor atención a Cho. En los últimos tiempos ha estado actuando de manera aún más extraña de lo habitual, despertándose cada día antes. En ese momento, Joe sólo puede pensar en que tiene sueño y frío. Vuelve de orinar y se arropa con las mantas. Ajeno a que acabará el día esposado e interrogado por la policía, Joe se queda dormido en el acto.

05:27 HARPER HALL, DORMITORIO 2121

Menos de media hora después, Karan Grewal, un joven de 21 años de origen indio, abre la puerta de su cuarto y se dirige al cuarto de baño. Está realmente cansado: lleva toda la noche del domingo al lunes despierto, intentando acabar trabajos atrasados.

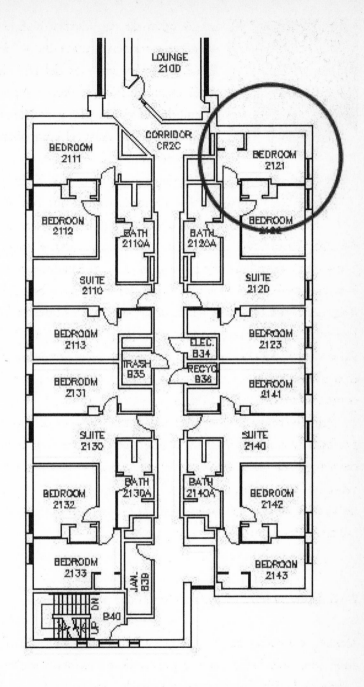

Plano del segundo piso del ala sur del Harper Hall, con la habitación de Cho marcada por un círculo

33

Karan Grewal, otro de los ocupantes de la 2121

Karan usa el baño y regresa a su habitación. En ese momento se cruza con Cho.

En el estrecho pasillo pintado de blanco que conecta entre sí los tres cuartos del dormitorio 2121 apenas hay sitio para una persona, pero aun así, Cho se las arregla para esquivarle sin ni siquiera rozarle ni cruzar la vista con él. El joven coreano va vestido con una camiseta de color claro y unos calzoncillos tipo bóxer. Karan le dirige un poco entusiasta '*mornin*,[1] que obtiene la respuesta esperada, es decir, ninguna.

Karan vuelve a los cinco minutos a buscar un poco de agua antes de dormir y ve a Cho lavándose los dientes con esmero, poniéndose las lentillas y aplicándose crema antiacné. Este detalle le robará el sueño durante muchas noches: *¿Para qué demonios se daría crema si tenía pensado volarse la jodida cabeza?*, confesará más tarde a sus amigos.

Karan llena su vaso de agua, vuelve a su habitación y se mete en la cama. Dormirá como un tronco hasta que, hacia el mediodía, le despierte el ruido de las sirenas de la policía.

05:38 HARPER HALL, DORMITORIO 2121

Joe levanta la cabeza de la almohada, medio dormido. Cho ha vuelto a la habitación y se está cambiando. Suele ser una persona tan discreta y silenciosa como un fantasma, pero ahora cierra la puerta de su armario de golpe y se viste con la luz del techo encendida —no le gusta apagar la luz—. Se está poniendo un gorro negro de lana sobre su cabeza rapada. Joe le ignora, se tapa la

---

1. Contracción de *Good morning*, buenos días.

cara con la almohada y se gira hacia la pared.

A él también habrá algo que le quitará el sueño muchas noches. Que, en aquel momento, había un asesino de pie, a su lado, con dos pistolas cargadas y dispuesto a matar. Dos pensamientos terribles se derivarán de este hecho. El primero, qué habría ocurrido si le hubiera gritado a Cho que apagase la luz y le dejase dormir. *¿Se habría revuelto éste y le hubiera convertido en la primera víctima?* El segundo, si hubiese despertado unos minutos antes y hubiese visto cómo Cho guardaba las armas en su mochila *¿habría salvado las vidas de 32 personas?*[2]

Cho abandonó el dormitorio 2121 a las 5:38

Joe cierra los ojos y antes de quedarse dormido otra vez oye a Cho cerrar la puerta de la habitación.

06:53 EXTERIOR DEL WEST AMBLER JOHNSON HALL

Cho está fuera, apoyado en la pared, encogido para evitar el frío viento. Hace seis minutos que ha salido el sol. Está esperando. Hay al menos seis testigos diferentes que le ven allí y luego se lo confirman a la Policía. Uno de ellos emplea el verbo *apostado*.

Por tanto, Cho espera. A alguien.[3]

2. Esta clase de pensamientos son conocidos por los psicólogos como el *What If Game*, que a falta de equivalente en castellano podríamos traducir como «El juego de Qué habría pasado si...». Es una dinámica terrible, que conduce a la denominada culpa del superviviente y puede causar graves trastornos a las personas que la sufren, que en el caso de la masacre de VT se cuentan por miles. Analizaremos esto —el más sutil de los legados de dolor de Cho— unas páginas más delante.

3. Uno de los mayores errores que ha cometido la Prensa en el seguimiento de la matanza es creer que la elección de la primera víctima, Emily Hilscher, fue

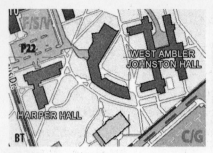

Mapa de la zona sur del campus, en el que vemos la cercanía de la residencia del asesino y de la de Emily Hilscher

Exterior del Ambler Johnston, donde empezó la tragedia

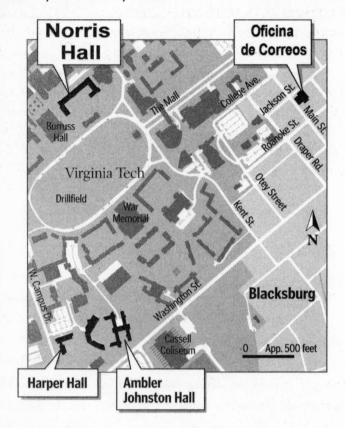

Norris Hall

Oficina de Correos

Harper Hall

Ambler Johnston Hall

casual. Los actos de una mente trastornada como la de Cho no son, en absoluto, aleatorios. En sus complejos planes, la elección de la primera sangre derramada tenía una significación especial. Volveremos sobre ello en el capítulo en el que analizamos la mente del asesino.

SOBRABA DEMASIADO TIEMPO

No sabemos lo que ha ocurrido en esa hora y cuarto que va desde el momento en que Cho deja su habitación hasta que alguien le ve en el Ambler Johnston Hall. Hay apenas ciento diez metros desde Harper Hall hasta el escenario de su primer crimen. Andando a buen paso, Cho pudo recorrerlos en menos de cuatro minutos. ¿Qué ha hecho con el tiempo que le sobra?

Todo depende de una sola variable: sus armas. Si las guardaba consigo en su habitación —algo que iba contra las leyes estatales, con lo que Cho se arriesgaba mucho— entonces se limitó a esperar con el frío de la madrugada. Si las almacenaba en otro sitio, entonces tenía que ser un lugar de fácil acceso, privado y cercano. Ninguno de los lugares de almacenaje de Blacksburg cumple con los requisitos de tiempo y oportunidad para Cho, así que la teoría más coherente es que las escondía en su habitación y se dirigió al West Ambler Johnston con tiempo de sobra.

07:02 EXTERIOR DEL WEST AMBLER JOHNSTON HALL

El coche de Karl Thornhill frena junto a la puerta. Emily Hilscher le da un beso apresurado y pone una mano en el tirador de la puerta. Ha pasado el fin de semana junto a Karl en la casa de campo que los padres de éste tienen a unos kilómetros de la universidad. Han sido dos días geniales, con esa clase de felicidad despreocupada que sólo se obtiene a los dieciocho. Emily estudia ciencias avícolas y equinas, un paso más en el sueño de su vida: convertirse en veterinaria de caballos. Un sueño que comenzó en Woodville (Virginia), su pueblo natal, donde cada verano pasa más tiempo sobre el lomo de estos animales que sobre sus pro-

Emily Hilscher, de 18 años, era una chica alegre y muy popular

Karl Thornhill, el que fuera novio de Emily y primer sospechoso de su muerte

pios pies. En VT se ha apuntado al club ecuestre y esa actividad la llena de alegría. Es algo que no afecta a sus notas, es una chica de sobresalientes. De hecho, esa misma tarde tiene programada una sesión de equitación a las 15:30.

Emily duda un instante antes de bajar del coche. Se resiste a dar por acabado el fin de semana.

—¿Quieres tomar un café? —dice Karl.

—No puedo, he quedado con Heather.[4] Hablamos.

Otro beso rápido y se baja del coche. Karl arranca y se despide de ella con la mano. Emily camina hacia la entrada.

Hay alguien más que la ha visto llegar. Cho abandona la espera y la sigue al interior del edificio.

4. Heather Haugh, su compañera de cuarto.

EL ACCESO DE CHO

No sabemos cómo consiguió entrar, porque las puertas del Ambler Johnston están cerradas desde las 11 de la noche hasta las diez de la mañana. Para entrar es necesaria una tarjeta magnética. Hay dos posibles soluciones a este misterio:

- Cho entró con alguno de los 895 estudiantes que viven allí. Si es así no ha trascendido, lo cual no es extraño. ¿Quién querría contar que fue el que le franqueó el paso al asesino?
- Durante su espera aprovechó que alguien entraba o salía para sujetar la puerta y obturarla de alguna manera. Tanto la espera como la dificultad de la entrada refuerzan la teoría de que era a Emily y sólo a ella a quien Cho buscaba.

07:06 WEST AMBLER JOHNSTON HALL, DORMITORIO 4038

Molly Donohue se agita nerviosa en la cama. Medio en sueños ha oído un grito. Había programado la alarma del despertador para las 6:50, pero la pereza del lunes le invade, y decide darse unos minutos.

El grito, sin embargo, la despereza del todo, así que se levanta y se pone unos vaqueros y unas zapatillas. Aún de pie en el centro de la habitación, oye un nuevo grito. Es una voz femenina, rebosante de puro terror. Entonces escucha dos golpes secos, como dos maderas chocando. Otro grito y otros dos golpes secos.

Molly Donohue es la única testigo de la muerte de Ryan Clark y Emily Hilscher

39

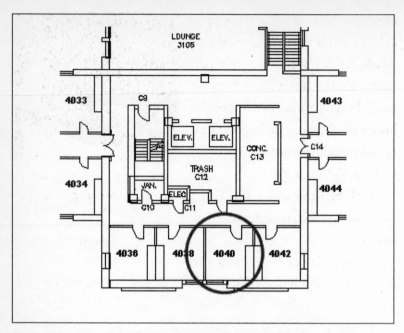

Mapa del cuarto piso del West Ambler Johnston Hall. El círculo marca el escenario del primer tiroteo

Molly comienza a buscar explicaciones para lo que acaba de oír. Mejor dicho, su mente trabaja por ella para protegerla.

Alguien se ha caído de la litera, piensa. *Seguro que esos ruidos eran los tableros de la cama derrumbándose.*

Como el ruido ha sonado en la habitación de al lado, Molly piensa instantáneamente en Heather y Emily. Con esa idea en la cabeza sale al pasillo para ver si sus vecinas necesitan ayuda. Apenas pone un pie fuera de su cuarto algo llama su atención. En el suelo del desierto corredor hay una hilera de huellas de color rojo oscuro que se aleja de la habitación 4040. A partir de ese momento Molly no puede pensar con claridad. Se acerca hasta la puerta, llama y pregunta si todo está bien.

Silencio.

Molly prueba el pomo de la puerta. Gira. Empuja, pero apenas consigue abrirla un palmo. Algo la bloquea. La joven empuja una y otra vez, pero el obstáculo sigue ahí. No es un mueble, pues al golpearlo con la puerta emite un ruido sordo. Parece una maleta llena de ropa. Prueba varias veces, pero el hueco en el marco de la puerta no es más grande que antes. Así que intenta introducir la cabeza.

Ryan Clark, de 22 años, estudiaba Biología y era *Resident Assistant* en el West Ambler Johnston. Cho le mató primero

—¿Estáis ahí? ¿Va todo bien?

Dentro sólo hay oscuridad y silencio.

Molly cada vez está más asustada, así que corre hasta la habitación de Ryan Clark, la 4042.

Ryan siempre sabe qué hacer.

El joven Ryan es un chico muy popular. Sus 22 años y su sentido de la responsabilidad le han llevado a aceptar el cargo de *Resident Assistant*.[5] Como es alto y fuerte, los demás le apodan Stack Clark, «columna». Un mote que le encanta a su hermano gemelo, Brian, que en lugar de dedicarse a tocar el saxofón en la banda de VT y estudiar Biología optó por el cuerpo de marines, tal vez imbuido de las ganas de ayudar que comparten ambos gemelos. No es de extrañar que en quien primero piense Molly sea en el simpático muchacho.

Lo que Molly no sabe es que es el cuerpo de Ryan lo que obstruye la puerta de la 4040.

5. Un cargo de responsabilidad dentro de las universidades norteamericanas. Los *Resident Assistant* o RA son personas con capacidad de liderazgo que sirven para mediar entre la administración de una residencia y los alumnos que viven en ella (en el caso de la West Ambler Johnston Hall, 895 almas, cada una con sus necesidades). Reciben cursos especializados de coaching, gestión del tiempo, mediación en conflictos y sobre todo gestión de crisis (qué hacer ante un incendio, un apagón, una inundación...). Nada, sin embargo, preparó a Ryan para lidiar con una Glock de 9 mm.

Molly no encuentra a Ryan en su habitación, así que toma una decisión extraña y muy difícil de asimilar. Vuelve a su cuarto, coge los apuntes de Química —una asignatura que compartía con Emily Hilscher aunque en diferente horario— y baja a reunirse con su novio en la cafetería para el desayuno. Por el camino se encuentra con muchas chicas envueltas en sus toallas, camino de las duchas, ajenas a lo que ha pasado a pocos metros.[6]

Molly Donohue está bajo los efectos de un fuerte shock y su mente se niega a reconocer lo que ha escuchado. Por desgracia, su valioso testimonio no será tenido en cuenta hasta dentro de una hora y media, lo que dificultará aún más la búsqueda de Cho y pondrá a la policía sobre una pista falsa.

RECONSTRUCCIÓN DEL PRIMER CRIMEN

A pesar de que es un testimonio incompleto, el relato de Molly Donohue es esencial para establecer cómo sucedió el crimen. Es posible que Ryan Clark percibiese algo raro en la habitación de su vecina Emily y acudiese a prestarle ayuda. Debido a que Ryan se encontraba junto a la puerta, lo más probable es que Cho entrase en la habitación 4040 con alguna excusa o amenazando a Emily, y Ryan llegase después. Sabemos que Ryan murió primero, ya que Molly escuchó gritar a Emily después de los dos primeros disparos. También sabemos que Cho les amenazó antes con la pistola, ya que Emily gritó de terror antes de los dos primeros disparos.

6. La ubicación de la habitación de Emily dificultaba que mucha gente se enterase en un primer momento. Los cuartos 4036, 4038, 4040 y 4042 se encuentran en una zona menos transitada del edificio, justo detrás de los ascensores, como se puede ver en el mapa. Las zonas más pobladas comienzan a ambos lados del mapa.

07:16 West Ambler Johnston Hall, dormitorio 4040

Por increíble que parezca, la ordalía de Molly ha sucedido en menos de siete minutos. Sobre las 7:14, varios estudiantes se percatan de las manchas de sangre sobre el suelo, pero tienen miedo de acercarse. A las 7:15, Laura Jackson —una RA como Clark— y otro alumno consiguen empujar lo suficiente la puerta para entrar en la habitación.

Al encender la luz, Laura contiene un grito de espanto. Ambos reconocen a Ryan Clark en el acto. Laura, haciendo un gran esfuerzo de voluntad, toma el pulso a ambos. El joven ya no está, pero Emily aún vive. La RA, que no lleva consigo su móvil, tiene la suficiente presencia de ánimo para no tocar nada en el escenario del crimen. Sale de la habitación y llama a la puerta de la 4038, la habitación de Molly, quien en ese momento va camino de la cafetería. Como la puerta está abierta, Laura usa el teléfono de Molly para llamar a la policía del campus.

07:19 Exterior del Harper Hall

Cho regresa, caminando despacio, a su dormitorio. Sopla un viento frío y cae un ligero aguanieve. La suela de sus zapatillas deportivas ya no deja un rastro de sangre.

07:20 Cafetería del Ambler Johnston Hall

Molly llega a la cafetería, besa a su novio y comienza a temblar.

—¿Qué ocurre? —pregunta él.

Ella no responde durante un rato. Está demasiado bloqueada. Finalmente, tras una mezcla de cariño y de persuasión, comienza a hablar.

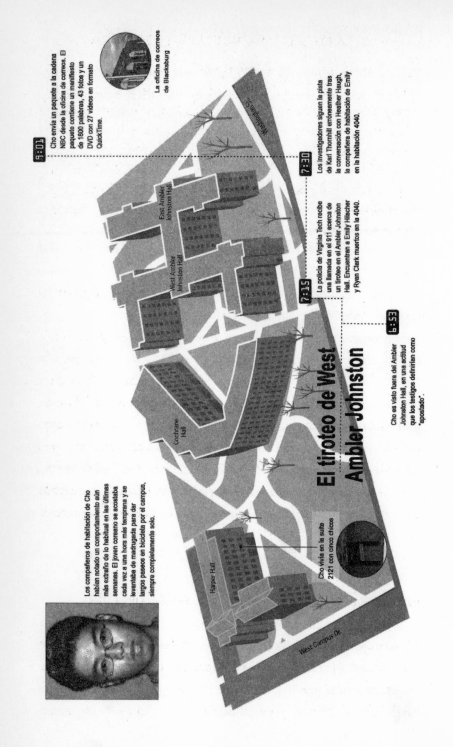

El tiroteo de West Ambler Johnston

9:01
Cho envía un paquete a la cadena NBC desde la oficina de correos. El paquete contiene un manifiesto de 1800 palabras, 43 fotos y un DVD con 27 vídeos en formato QuickTime.

La oficina de correos de Blacksburg

7:30
Los investigadores siguen la pista de Karl Thornhill erróneamente tras la conversación con Heather Haugh, la compañera de habitación de Emily en la habitación 4040.

7:15
La policía de Virginia Tech recibe una llamada en el 911 acerca de un tiroteo en el Ambler Johnston Hall. Encuentran a Emily Hilscher y Ryan Clark muertos en la 4040.

6:53
Cho es visto fuera del Ambler Johnston Hall, en una actitud que los testigos definirían como "apostado".

East Ambler Johnston Hall

West Ambler Johnston Hall

Cochrane Hall

Harper Hall

West Campus Dr.

Washington St.

Cho vivía en la suite 2121 con cinco chicos

Los compañeros de habitación de Cho habían notado un comportamiento aún más extraño de lo habitual en las últimas semanas. El joven coreano se acostaba cada vez a una hora más temprana y se levantaba de madrugada para dar largos paseos en bicicleta por el campus, siempre completamente solo.

44

UNA OPORTUNIDAD DESPERDICIADA

Si en un primer momento la policía hubiese tenido acceso a la historia de Molly Donohue, la historia podría haber sido muy diferente. Un detective de Homicidios experimentado hubiese encontrado puntos discordantes entre la teoría del novio despechado —que parecería obvia encontrando a Ryan y a Emily en la misma habitación— y la ausencia de discusión o gritos. La búsqueda habría sido más amplia y el aviso a los estudiantes de que se quedasen en sus dormitorios se habría emitido mucho antes.

—Hay un problema en mi dormitorio. Creo que alguien ha resultado muy malherido.

Su novio, que al igual que ella, es miembro de Cruzada por Cristo en el Campus, un grupo religioso cristiano, reza con ella durante unos minutos y se ofrece a volver con ella a la 4038 para que Molly pueda recoger las gafas de laboratorio para su clase de Química de las 8 AM. Suben por las escaleras y se encuentran con el precinto de la policía en el pasillo. Dos agentes les ordenan marcharse, sin preguntarles siquiera quiénes son. Molly siente que no puede hacer nada, así que ambos cruzan todo el campus en dirección al laboratorio. Molly se aleja, en silencio, inadvertida de la importancia de la información que posee.

07:26 WEST AMBLER JOHNSTON HALL, DORMITORIO 4040

La ambulancia tarda cuatro minutos en llegar, demasiado tarde para ayudar a Emily. Los primeros agentes de policía se demorarán otros cuatro minutos más, y lo primero que hacen es acordonar la zona y apartar a los curiosos —entre ellos Molly Donohue—. Los detectives del departamento de policía de VT y de la policía de Blacksburg llegan al escenario del crimen a las 07:31. La policía del estado de Virginia no recibe ningún aviso hasta dos horas después, cuando el tiroteo de Norris Hall ya está en marcha.

07:28 HARPER HALL, DORMITORIO 2121

Cho regresa a su habitación. Joe Aust no está, hace media hora que ha salido a desayunar. El joven coreano graba un video en QuickTime usando una cámara digital. Después vuelca a un DVD un total de 27 archivos de video y 43 fotografías. Lo introduce en una caja de plástico, junto a 23 páginas impresas con su manifiesto de 1.800 palabras, del que el DVD contiene una copia en PDF modificada por última vez 11 minutos después de la muerte de Ryan y Emily. Antes de levantarse de su escritorio deja una nota de ocho páginas con una lista de quejas contra los «niños ricos» del campus; la «depravación» y los profesores, esos «charlatanes engañosos»; las mujeres, «sucias pelanduscas».[7]

Cho se marcha. Detrás de él queda la nota —de suicidio— y una aún más reveladora. Tres líneas de la letra de su canción favorita: *Shine*, de Collective Soul, un tema que escuchaba obsesivamente, a veces decenas de veces al día.

Teach me how to speak
Teach me how to share
Teach me where to go

---

7. Analizamos con más detalle la nota de Cho en su habitación y el paquete que envió a la NBC en el capítulo 3.

Enséñame cómo hablar/Enséñame cómo compartir/Enséñame dónde ir. Una llamada de atención hacia su incomunicación, su incapacidad empática y su desorientación. Una desesperada petición de auxilio.

07:36 EXTERIOR DEL WEST AMBLER JOHNSTON HALL

Heather Haugh llega desde el parking 22 andando tranquilamente con el teléfono móvil en la oreja. Está llamando a Emily repetidamente desde hace varios minutos, pero la única respuesta que obtiene es la del buzón de voz. Algo que no es habitual.

En los siete meses que hace que se conocen, Heather y Emily se han hecho muy amigas. Para las dos fue muy duro el paso del instituto a la universidad, y más en una tan prestigiosa como la Virginia

Karl Thornhill y Heather Haugh, el novio y la mejor amiga y compañera de habitación de Emily Hilscher, practicando con un Colt 45 en un campo de tiro a 8 millas del campus. Recientes investigaciones han descubierto que en ese campo también practicaba Cho Seung-Hui. ¿Es éste el enlace entre el asesino y la primera víctima?

Tech, pero juntas el trago fue mucho más fácil. La administración de la VT, que hace test de personalidad previos a todos sus alumnos para averiguar sus compatibilidades, las había emparejado aun teniendo pocas cosas en común. Emily es de Virginia y cursa estudios relacionados con animales. Heather viene de New Jersey y quiere ser nutricionista. Sus personalidades diferentes, sin embargo, se complementan a la perfección y las dos se quieren mucho.

La primera noche que pasan juntas, intentando aprender cosas la una de la otra, Emily le enseña a Heather un tatuaje con una pequeña hada y, desde entonces, Heather la llama en privado *pixie*.[8] Así tiene grabado el número de Emily en el móvil, y le extraña mucho que no conteste, sobre todo porque a las 9 tienen juntas clase de Química, una de las pocas que comparten.

Al llegar a la entrada de la residencia, Heather comienza a alarmarse al ver varios coches de policía y se acerca a uno de los agentes.

—¿Qué ha sucedido?

—Hay un problema en el cuarto piso.

—Oh, no. Ahí es donde vivo, oficial. Espero que todo el mundo esté bien.

—¿Podría decirme en qué habitación, señorita...?

—Heather Haugh. Habitación 4040.

El agente, al oír esto, reclama la presencia de los detectives por la radio. Heather pregunta por su amiga Emily, pero el agente no sabe nada.

Cuando llegan, los dos detectives se llevan a Heather a un pequeño despacho en la planta baja del edificio. Le preguntan por Emily, si tiene novio, cómo es, cómo se llama.

—¿Qué le ha pasado a Emily? ¿Está bien?

8. Hada, en inglés. El mote también hacía referencia a la corta estatura de Emily, que era muy menuda.

—Ha tenido un accidente. No sabemos si se recuperará —miente uno de los detectives.

Heather responde a sus preguntas. Les explica cómo las dos pasan fuera los fines de semana. Sí, Emily tiene novio. Se llama Karl Thornhill y suele estar con él sábados y domingos. Los lunes, Emily y ella se encuentran en la habitación para desayunar y contarse sus cosas. Luego van juntas a la clase de Química de las 9. No, Emily y Karl no habían discutido recientemente. Claro que se quieren. Su mitad de la habitación está completamente empapelada de fotos de Karl. ¿Las armas? A Karl le gustan mucho, tiene varias pistolas.

Eso basta a los detectives para componer una teoría. El 95% de los asesinatos los cometen personas conocidas de la víctima. Y el primer sospechoso siempre es la pareja sentimental. El hecho de encontrar a un chico —Ryan— en la habitación de Emily, combinado con la afición por las armas de Karl lanza a los policías tras su pista.

08:00 CAMPUS DE VIRGINIA TECH

Las clases dan comienzo, y 26.000 alumnos acuden a las aulas con normalidad. Otros 7.000 empleados ocupan sus puestos. El viento arrecia.

08:25 CERCANÍAS DE LA CASA DE CAMPO DE LA FAMILIA THORNHILL

Karl vuelve a la casa de campo tras hacer unas compras. Tiene previsto recoger algo de ropa y volver a Radford, una universidad algo más lejana, a la que acude sólo durante este año. El año próximo se traslada a Virginia Tech para estar más cerca de Emily. Cuando está llegando a la casa, las luces destellantes en su retrovi-

«¡ORDEN DE REGISTRO, ÉCHESE AL SUELO!»

La policía interrogó a Karl durante tres horas. Realizaron toda clase de pruebas sobre su ropa y su cuerpo, incluyendo análisis de luz estroboscópica y un frotis de las manos en busca de restos de pólvora. No encontraron nada y le soltaron. Aun después de finalizado el segundo tiroteo en Norris Hall, un detective de Homicidios consiguió una orden para entrar en la casa de campo de los Thornhill en busca de armas o ropa ensangrentada. Llegaron hacia las cuatro de la tarde, y esta vez fueron mucho más agresivos. Entraron por la fuerza en la vivienda y esposaron por segunda vez al aterrorizado muchacho al grito de «¡Orden de registro, échese al suelo!». Karl permaneció boca abajo en el salón durante más de media hora, mientras los policías encontraban... nada.

sor le obligan a parar. Cuatro policías se acercan a su coche, le obligan a bajar, le esposan, le leen sus derechos. Karl no entiende nada, sólo que está muy asustado. Los agentes se lo llevan a la comisaría para interrogarle.

08:27 BURRUS HALL

La junta directiva de Virginia Tech se reúne para decidir el tiempo y forma en el que hay que comunicar el doble asesinato a los alumnos. Por unanimidad deciden que las clases deben continuar, a pesar de que la más elemental prudencia aconseja suspenderlas hasta tener más información de lo ocurrido. Wendell Flinchum, jefe de policía del campus, habla con Charles Steger, presidente de la universidad.

—Tranquilo, señor Steger —le repite—. Tenemos todo bajo control. Esto no es más que un incidente aislado.

La oficina de correos es un edificio pequeño, de ladrillo rojo, de aspecto deslucido y con poca luz. Cho recoge un sobre de Express Mail en la ventanilla 1, coloca dentro el material que le ha llevado seis días preparar y escribe la dirección.

La oficina de correos de Blacksburg fue la última parada de Cho antes de la masacre

Después espera en la cola de la ventanilla 3. Cuando llega su turno, la empleada le sonríe. Él le alarga el sobre.

—Son catorce con cuarenta.

El joven le da el dinero y se marcha sin esperar el recibo. La

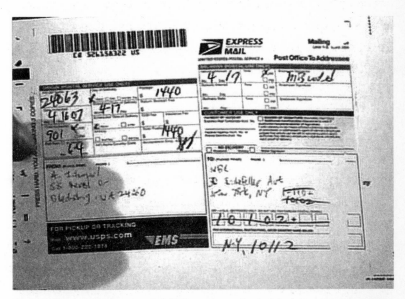

El sobre que Cho envió a la NBC, incluyendo A. Ishmail como dirección del remitente. Tras su muerte, la policía encontró escritas en su brazo las palabras ISHMAIL AX con tinta roja

empleada se fija en el código postal y ve que está incorrecto. Cho ha escrito seis números, y los códigos postales en EEUU, al igual que en España, tienen sólo cinco. Así que tacha el último de los dígitos y echa el sobre a la saca de correos. Por culpa de una dirección incorrecta, ese sobre tardará 24 horas más en llegar de lo que Cho tiene previsto.

09:03 Norris Hall, clase 211 (Francés Intermedio)

Jocelyn Couture-Nowak entra en su clase sin prisas. Hay algo en sus ademanes tranquilos y relajados que denotan su ascendencia canadiense. Pero cualquier observador ocasional se llevaría una impresión equivocada de esta mujer de 49 años y perennes vaqueros acampanados. Debajo de su rostro de franca sonrisa y apariencia calmada bullen las inquietudes de una mujer que ha trabajado muy duro toda su vida por sus principios. Por eso cuando se casó con Jerzy Nowak se negó a cambiar su apellido canadiense por el de él. Se siente tan orgullosa de su herencia francófona que ha dedicado a ella toda su carrera, convirtiéndose en profesora de francés en el departamento de Literatura e Idiomas Extranjeros de la VT.

Jocelyn Couture-Nowak, profesora de Francés Intermedio en la 211

Al llegar a su escritorio da treinta segundos a los chicos para que se callen y le presten atención antes de iniciar la clase. Mientras se gira para escribir en la pizarra, se abre la puerta y entran un chico alto y moreno y una chica delgada y sonriente. Jocelyn frunce un poco el ceño.

—Hola Colin. Hola, Kristina.

Colin Goddard esboza una sonrisa

de disculpa. Ha pasado a recoger a Kristina Heeger, una chica con la que ha hecho buenas migas desde principio de curso y que tiene problemas con el coche. Colin es hijo de dos trabajadores de una ONG. Nació en Kenya, creció en Somalia, Bangladesh e Indonesia y fue al Instituto en Egipto. Con ese bagaje no es extraño que sus intereses sean las Relaciones Internacionales, o que se lleve tan bien con Kristina, que nació en Ucrania y que, como él, ha vivido mucho tiempo lejos de EEUU.

Colin Goddard, alumno de Francés en la 211

Jocelyn sigue frunciendo el ceño mientras Colin y Kristina van a sentarse al fondo de la clase. No le gusta que los chicos lleguen tarde, pero, por esta vez, no les dirá nada. Al fin y al cabo, es lunes.

Y a veces los lunes pueden ser muy duros.

Kristina Heeger, también en la 211

09:07 DRILLFIELD, CERCA DE NORRIS HALL

Cho camina a buen paso, pero parece relajado. Ha venido andando desde la oficina de correos, que está a unos diez minutos atravesando Drillfield, el gran campo de césped en el corazón del campus. Se cruza con una compañera de clase, que le saluda con un escueto «Hola». Cho no establece contacto visual. Tiene la vista fija en Norris Hall.

Situado al lado de Burrus Hall, que alberga la administración principal de la universidad, Norris Hall en sí mismo representa a

Norris Hall desde Drillfield

la Virginia Tech. Está compuesto por tres alturas y un sótano, y alberga las oficinas del Decano de Ingeniería y del departamento de Ciencias de Ingeniería, así como laboratorios, clases de las carreras técnicas y del departamento de Lenguas Extranjeras. Pero no es su propósito lo que representa a la VT, sino su exterior. Además, los atractivos evidentes de sus bellas molduras o el pasaje que lo atraviesa, la piedra que lo recubre, tiene una historia especial. Es piedra hokie, un tipo muy especial de caliza con restos de dolomita y tonos negros, grises, naranjas y marron rojizo.[9] Los colores de la VT.

A ese ritmo, Cho llegará en un par de minutos a su objetivo.

9. Tan identificada se halla la universidad con la piedra hokie, que incluso posee una cantera entera, en un pueblo a unos de doscientos kilómetros del campus. Desde que la compraron, a mediados de los cincuenta, han ido revistiendo gradualmente todos sus edificios con ese material. El nombre de piedra hokie lo recibe la piedra del mote de los estudiantes de la VT, conocidos como *hokies*.

Norris Hall

09:12 NORRIS HALL, ENTRADA PRINCIPAL

Kevin Dobson y Alex Katz bajan la escalera norte del Norris Hall. Hablan sobre la próxima clase, a la que ya llegan tarde. Kevin se acerca a la puerta de salida. Hay un chico asiático, más bien alto, con la mano en el tirador.

—¿Perdona, nos dejas pasar?

El chico asiático le mira muy serio y se hace a un lado. Kevin se aleja charlando. Horas después, cuando recuerde este momento, gotas de sudor frío caerán de su rostro.

Tan pronto se marchan, Cho extrae una gruesa cadena de su mochila negra. Rodea ambos ti-

Entrada a Norris Hall

radores de la puerta doble con la cadena y coloca un enorme candado. La cadena queda bien prieta. Haría falta una cizalla de buen tamaño para abrirla, y aun así llevaría un rato. Las puertas son de madera, no de cristal, así que haría falta un hacha para atravesarlas.

El joven coreano cruza el corredor hacia otra de las tres entradas.

09:13 Vestíbulo del Norris Hall

Pam Tickle, conserje, se emplea a fondo con la mopa. Los lunes siempre hay más trabajo, y el vestíbulo de Norris Hall no es una excepción. Un chico pasa a su lado y Pam levanta brevemente la cabeza para saludar, pero el chico no devuelve el saludo. Es un joven asiático, con pantalones marrón claro y una gorra color rojo oscuro. Se dirige rápidamente hacia la salida, al lado de la puerta que conduce a la escalera.

Vaya, parece que tiene prisa, piensa Pam.

Pam Tickle, conserje de Norris Hall, fue una de las primeras en descubrir que las puertas estaban encadenadas

Pam se entretiene en pensar a dónde irá el chaval. Es uno de sus pasatiempos favoritos. Pasar la mopa sin pensar en nada es imposible, así que procura hacer juegos deductivos con las personas que pasan a su lado.

Seguro que va a entregar un papel al decanato.

Pam sigue dándole a la mopa. Dobla una esquina, y tras una fuente de agua encuentra una mochila negra.

Pam mira alrededor. Esa mochila parece perdida. Un chico sale de una de las clases, secándose las manos en los fondillos de los pantalones y Pam le llama para ver si se ha olvidado la mochila, pero el chico no le escucha y se mete corriendo en una de las clases.

Bueno, ya aparecerá el dueño, piensa meneando la cabeza.

Recorre otros quince metros antes de encontrarse de nuevo con el chico asiático, que viene de vuelta. Pam intenta saludarle de nuevo, pero el chico no responde. Sólo mira hacia delante, muy concentrado. Cuando pasa justo a su lado, Pam nota una cosa muy curiosa.

Tintinea al caminar. Debe de llevar mucho metal encima.

Pero algo llama su atención cerca de la entrada, y deja la mopa...

09:21 Entrada sur de Norris Hall

Daniel Stumpf acaba de salir de un examen de evaluación. Tiene hambre porque no le ha dado tiempo a desayunar antes de la prueba, así que pretende ir a la cafetería Deets a resarcirse. Cuando quiere cruzar la puerta, se la encuentra cerrada con la cadena. Otro chico que viene detrás de él se sorprende. Juntos van a la entrada principal. También está cerrada.

Daniel, cada vez más enfadado, empuja la puerta armando mucho ruido.

Pasillo abajo, Pam Tickle deja a un lado la mopa y se acerca a Daniel.

—¿A qué viene tanto alboroto, chico?

Las puertas que Cho cerró con cadenas

57

Daniel señala la cadena bloqueando la puerta

—La de la parte sur está igual. ¿Qué está pasando?

Pam se queda mirando la cadena boquiabierta. Nunca ha visto nada igual. Nadie cierra las puertas con cadenas en Norris Hall.

—No tengo ni la menor idea. Pero voy a llamar a mi jefe.

—Deberíamos comprobar la entrada norte.

—No se molesten.

Quien así ha hablado es Janis Terpenny, una profesora asociada de ingeniería que acaba de llegar pasillo arriba.

—Aquella también está cerrada. Y es curioso... había una nota pegada en la puerta de la escalera. Arrancada de un bloc de notas y escrita a mano, con una caligrafía horrible.

—¿Qué decía?

—«ABRAN LAS PUERTAS Y UNA BOMBA EXPLOTARÁ». Creo que es una broma estúpida y de muy mal gusto.

Los cuatro se quedan pensativos un momento.

—Si es que es una broma.

—Me voy al despacho del decano. Tengan cuidado —dice Janis.

—Menuda chorrada —dice Daniel, mientras la profesora se aleja.

—No sé, tío —le dice el otro estudiante—. Recuerda que en lo que llevamos de año ya ha habido dos amenazas de bomba.[10]

—Tú lo has dicho, amenazas.

—Me pregunto cómo acabará esto —dice Pam Tickle pensativa.

La conserje se hubiera sorprendido mucho si hubiera sabido que acabaría la noche hablando para la revista People, su favorita. Otros no tendrán tanta suerte.

10. Hay fuertes razones para pensar que Cho estaba detrás de las dos amenazas de bomba y que fue parte de un plan para medir el tiempo de respuesta de la policía de la VT. Volveremos sobre ello en el siguiente capítulo.

El tiroteo de Norris Hall

10:53

El cuarto e-mail de aquella mañana informa a sus 27.000 recipientes de que un tiroteo ha ocurrido en Norris Hall y que ha habido múltiples víctimas, así como que *"la policía tiene a un tirador en custodia* [sic]". En ese momento las primeras noticias de lo ocurrido ya volaban por el ciberespacio y llenaban los televisores de todo el mundo.

10:17

Un tercer e-mail avisa a todo el mundo de que "*todas las clases han sido canceladas. Quédense donde estén en este momento*".

09:51

Un segundo e-mail avisa -tarde- a estudiantes y empleados "*Un tirador anda suelto por el campus. Permanezcan en los edificios hasta nuevo aviso. Permanezcan alejados de las ventanas*". La directiva de la universidad fue muy criticada por el retraso.

09:46 - 09:50

La llegada de los primeros efectivos sigue las reglas básicas en EEUU para "*tiroteos con pistolero activo*": asegurar el perímetro y esperar a la unidad del SWAT. Esta tardará dos minutos en llegar, a los que hay que sumar el tiempo de planificación de la entrada. Mientras tanto, Cho siguió matando.

09:45

La policía de Virginia Tech recibe otra llamada del 911, esta vez referida al Norris Hall. Sería la primera de muchas.

09:39

Después de encadenar las puertas y tras una primera ojeada a algunas de las clases del segundo piso, Cho comienza a hacer uso de sus dos pistolas semiautomáticas haciendo 176 disparos en poco más de nueve minutos. En ese periodo consigue asesinar a 25 estudiantes y 5 profesores, así como herir a numerosos alumnos.

09:26

La comunidad de Virginia Tech recibe un e-mail alertándolos de un tiroteo en el West Ambler Johnston e instándolos a ser cautos y notificar cualquier cosa sospechosa a la policía. Es muy posible que este e-mail pudiese precipitar los acontecimientos.

Holden Hall

Norris Hall

Segundo piso

Los estudiantes saltaron por estas ventanas al exterior

Cho cerró con cadenas las tres puertas del edificio

59

09:23 NORRIS HALL, CLASE 207
(ALEMÁN BÁSICO)

Christopher
«Jamie» Bishop,
profesor de alemán

Erin Sheehan está aburrida. Aunque el alemán se le da bien, un lunes a las nueve de la mañana significa un gran bajón con respecto a las revoluciones del fin de semana. Pensó en quedarse en la cama, pero el profesor de alemán es Jamie, y es duro faltarle a una clase. Luego te mira con ojos de cordero degollado.

A Erin, Jamie le cae realmente bien. No solo por ser un profesor joven —tiene 36— sino porque es un tío realmente enrollado. Hay profesores jóvenes que van de amigos y no lo son. Jamie les ayuda, no tiene problema en ir a tomar una cerveza para practicar. Incluso su mujer, Steffi, que es bilingüe en alemán y también trabaja en VT, también echa una mano de vez en cuando.

Jamie no es un profesor corriente —con su cola de caballo y su cazadora de cuero— y Erin no es una alumna corriente. Comenzando por su aspecto poco convencional, sus piercings y su cabeza rapada. Erin transmite seguridad, en clase y fuera de ella, por eso dedica tiempo los fines de semana a su carrera como modelo.

De repente, algo saca a Erin de su aburrimiento. La puerta de la clase se abre, y un chico asiático se asoma. Jamie se interrumpe un momento y le mira. El chico se demora unos cuantos segundos en la entrada y luego se vuelve a ir.

—Parece perdido —bromea el profesor.

A Erin le resulta curioso que a esas alturas del semestre alguien ande perdido. Le parece más bien que el chico está buscando a alguien.

Erin Sheehan recuerda cómo Cho entró en su clase varias veces

Gene Cole está limpiando el baño con la fregona. Tiene puesto el cubo delante de la puerta, pero eso no detiene al nervudo y bajito profesor con acento extranjero.

—Tengo que ir, tengo que ir —dice saltando el cubo y acercándose al urinario.

Gene menea la cabeza y sigue fregando. El conserje tiene 57 años y lleva 21 trabajando en la Universidad. Antes ponía gasolina en una estación de servicio, con lo que el cambio ha sido considerablemente a mejor. A Gene le gustan los estudiantes. Él mismo dejó la escuela a los 15 porque no era muy bueno estudiando. Pero le gusta estar rodeado de algunas de las mentes más brillantes de la nación. Si tiene alguna queja en Norris Hall es de los ingenieros, que son mucho más desordenados y su-

Gene Cole, conserje de Norris Hall y compañero de Pam Tickle

cios que los estudiantes del departamento de Lenguas Extranjeras y siempre lo llenan todo de papeles. Pero casi todos le hablan con respeto. Y muchos profesores le conocen por el nombre.

No es el caso del señor que acaba de entrar. Gene aún no sabe cómo se llama, y es demasiado amable para preguntarle, mientras el pobre viejo está ocupado haciendo sus cosas. El conserje siempre ha sospechado que el profesor tendrá más de 70 años y que será de Israel, por el acento grave y silbante.

Antes de que pueda preguntarle cómo se llama, el inquieto profesor se disculpa por haber irrumpido en el baño y regresa a su clase. A Gene le hace gracia: esta rutina se repite casi cada mañana. Seguro que el hombre tiene problemas de próstata.

—Debería tomárselo todo con más calma. Así no vivirá mucho —dice Gene en voz alta, más para sí mismo que para su breve visitante.

09:26 Buzones de e-mail de toda la Universidad

A todo el personal docente, administrativo
y alumnado de la Virginia Tech.
Un incidente con disparos ha ocurrido en West
Ambler Johnston esta mañana temprano. La policía está en el escenario y está investigando.
Urgimos a la comunidad universitaria a ser
cautelosa y le pedimos que contacte con la
policía de Virginia Tech si observa algo sospechoso o tiene información del caso. Contacte con la policía de VT en el 231-6411. Permanezca atento a www.vt.edu. Informaremos
tan pronto dispongamos de más detalles.

UN E-MAIL QUE PUDO PRECIPITAR LOS ACONTECIMIENTOS

Fuentes policiales han filtrado que Cho poseía una Blackberry y que la llevaba encima en el tiroteo de Norris Hall. La Blackberry es una agenda electrónica con funcionalidades de teléfono móvil y con capacidad para recibir correo electrónico. Hay razones para pensar que pudo consultar su bandeja de entrada y empezar a actuar sin haber completado su plan de encierro dentro del Norris Hall. Siguiendo esta línea de pensamiento, en un lapso de tiempo de unos cinco minutos a partir de las 09:26, Cho recibió ese e-mail y pensó que podría encontrar dificultades, que perdería el elemento sorpresa, lo que le precipitaría a actuar. El tiroteo de Norris Hall empezó en algún momento entre las 09:39 y las 09:41.

09:29 Norris Hall, clase 207 (Alemán Básico)

La puerta de la clase vuelve a abrirse, y Erin vuelve a ver al mismo chico, que vuelve a mirar fijamente y con todo descaro a su alrededor. En ese momento Jamie deja de hablar y mira al joven. Está realmente molesto, pero antes de que pueda decir nada, el chico cierra la puerta.

Jamie mira a Erin y sacude la cabeza, como buscando comprensión. Ahora está distraído y le cuesta un poco recuperar el hilo. No así la sonrisa, que vuelve a aflorar tan natural como siempre a la cara del joven profesor.

La clase continúa.

09:30 Norris Hall, clase 211 (Francés Intermedio)

Jocelyne está escribiendo una frase en la pizarra cuando alguien abre la puerta. Es una de sus alumnas.

—Siento llegar tarde pero ha habido problemas en el West Ambler Johnston, todo el mundo está como loco.

—Siéntate, Kathy. ¿Qué clase de problemas?

—Un tiroteo.

Todos los rostros se vuelven a la vez hacia la recién llegada.

—¿Qué ha pasado? ¿Ha muerto alguien? ¿Han venido los de la tele?

—No lo sé. Dicen que un chico, otros dicen que la policía busca al novio de una chica. No tengo ni idea.

Un montón de preguntas se formulan a la vez, pero Jocelyne decide cortar por lo sano o se tirarán así toda la mañana.

—Bueno clase, vamos a concentrarnos en el francés, ¿de acuerdo? Si queréis hoy acabamos un poco antes y hablamos del tema. Pero mientras tanto...

Jocelyne, sintiéndoles aún nerviosos y sabiendo que ha recuperado su atención sólo en parte, se vuelve de nuevo al encerado.

09:39 NORRIS HALL, CLASE 206 (HIDROLOGÍA AVANZADA)

El profesor Loganathan interrumpió la clase y señaló con el dedo al alumno que tenía la mano levantada.

—¿Sí, Nathaniel?

—Dr. L, quería saber si esto demuestra que...

G. V. Loganathan renunció hace mucho tiempo a que los chicos pronunciasen bien su nombre hindú, así que desde entonces les pide que le llamen Doctor L. Es más cómodo para todos. Con el rango de doctor se mantienen las formas, y con la L los alumnos sienten que están pronunciando el nombre de algún rapero famoso. Cuando quiere que los chicos se rían, les obliga a decir en voz alta el nombre de su pueblo natal: Karatadipalayam. Allí nació hace 53 años, y de allí salió para estudiar primero en Madrás y luego en los Estados Unidos. Llegó a Virginia Tech en 1981, y ya no salió de allí. Se casó, tuvo dos hijas, escribió varios libros científicos que alcanzaron cierto prestigio. La universidad le ha reconocido con varios premios a la excelencia en la enseñanza, pero eso no hace falta que se lo digan a los alumnos de la clase 206. Cuando hace falta, el Dr. L se queda despierto toda la noche repasando los conceptos de su clase con paciencia infinita, porque realmente ama su trabajo.

Uno de los que más se ha beneficiado de su apoyo es Park Chang-Min. Un chico surcoreano amable y abierto, que recurre en muchas ocasiones al Dr. L para las clases de recuperación, porque su carga de trabajo lectivo es un tanto excesiva. Chang-Min tiene 27 años y no quiere perder más tiempo sin finalizar su doctorado. Hay veces que tiene que perderse las clases de Hidro-

SÓLO CUATRO PALABRAS

Eso fue todo lo que dijo Cho en Norris Hall. Los testigos describirían de forma unánime al asesino coreano como «silencioso, con una total ausencia de expresión en el rostro. Serio, pero sin ira ni enfado, sólo concentración». Por desgracia, esas cuatro palabras que Cho pronunció tienen una gran importancia, como veremos en el siguiente capítulo.

logía Avanzada por coincidencia con varias actividades académicas, pero hoy puede estar presente por primera vez desde hace un mes. A su lado está su amigo Partahi Lumbatouran, que, como él, está estudiando el doctorado en Ingeniería Civil. Partahi se gira para preguntarle algo a Chang-Min, pero éste no le contesta. Alguien acaba de entrar en clase.

Es un chico surcoreano, Chang-Min reconoce este detalle enseguida. Pero hay algo en su actitud que no le gusta. Lleva una gorra de color rojo oscuro, pantalones militares claros, chaleco y guantes negros. No es una ropa para ir a clase.

El recién llegado camina cerca del Dr. L, que se gira hacia él con una sonrisa educada. El joven levanta el brazo derecho. Lleva una pistola. Apunta a la cabeza del profesor.

—HOLA, ¿cómo estás? —dice Cho.

Aprieta el gatillo y el Dr. L cae desplomado en su silla.

Chang-Min no hace el menor ruido. La sensación de irrealidad es demasiado grande. El joven se vuelve hacia ellos, fila por fila. Camina despacio, con el rostro pétreo, sin abrir la boca. Apunta al estudiante, cuidadosamente, despacio. Dispara tres tiros a cada uno. A algunos más.

Chang-Min no puede creer lo que está viendo. Tal vez por eso ni siquiera siente la bala que le atraviesa el pecho y un brazo. Cae al suelo.

Lee Hixon, segundo por la derecha con una camisa de rayas, logró salir intacto de la habitación 206 gracias a su presencia de ánimo

Entre dos filas de pupitres ve derrumbarse a Guillermo Colman, otro compañero doctorando. Tiene un disparo en la cabeza y otro en el brazo. Guillermo cae de lado y ve a Cho ir hacia él para abrir fuego y rematarlo, pero una proverbial casualidad le salva la vida. Partahi cae sobre él, tapándole con el cuerpo. Chang-Min supondrá que Partahi le cubrió como una heroicidad. Días después la policía les explicará que Partahi ya no podía ser un héroe, porque estaba muerto.

Cho dispara varias veces más, pero a su alrededor no queda nadie en pie. En la clase había catorce personas, contando al doctor L. De todos ellos sólo sobrevivirán cuatro: Park Chang-Min y Guillermo Colman, ambos heridos de gravedad, y Nathaniel Krause y Lee Hixon, que saldrán ilesos. Cuando comenzaron los disparos, Lee se echó al suelo y se hizo el muerto. Mientras está en el suelo, muerto de miedo, se pregunta por qué ha actuado de manera tan estúpida. Es evidente que el asesino se va a dar cuenta.

Me va a descubrir. Oh, Dios, no permitas que me descubra. Por favor, Dios. Sólo soy un crío, reza.

O su plegaria es atendida o su truco funciona. Cho se marcha.

09:39 NORRIS HALL, SEGUNDO PISO, PASILLO NORTE

Pam Tickle se dirige hacia el teléfono de servicio que hay dentro de uno de los armarios de mantenimiento del segundo piso. Descuelga el auricular, y va a marcar el teléfono de su supervisor cuando un tremendo ruido resuena por todo el edificio. Pam se queda con el auricular a medio camino de la oreja cuando suena otro ruido igual, y luego otro, y otro. Pam cuelga el teléfono y va a buscar a Daniel Stumpf y al otro muchacho que ambos habían encontrado intentando cruzar las puertas encadenadas. Ambos están en la escalera del segundo piso, con el rostro desencajado.

—Vamos, chicos —dice Pam, intentando tranquilizarles.

—¿Qué coño pasa? ¿Son eso disparos?

De repente, el ruido cesa por completo.

—¿Vamos a ver qué pasa? —dice Daniel.

—No creo que eso sea una buena idea —dice el otro estudiante.

—Gallina.

Pam les manda callar con un gesto.

—Nadie va a ir a ver nada y nadie es un gallina. Venid conmigo, vamos a la sala de descanso de estudiantes.

09:39 NORRIS HALL, OFICINAS DEL TERCER PISO

El profesor Kevin Granata está trabajando en su despacho. Kevin es un veterano de la primera Guerra del Golfo, y como tal se pone de pie nada más escuchar el disparo que acaba con la vida de Jamie Bishop. Kevin sale al pasillo. Se oyen más disparos. En el tercer piso sólo hay una clase en curso en ese momento, impartida por el profesor Wally West. Kevin y Wally mandan a los catorce asustados chicos que entren en la oficina de Kevin y cierren la puerta por dentro.

—Será mejor que bajemos a ver qué demonios ocurre, Wally —dice Kevin.

Kevin Granata, profesor de Biomecánica y veterano de la Guerra del Golfo

Gene Cole vuelve despacio de fumarse un cigarro en el exterior del edificio. Su supervisor, Johnny Long, está esperándole.

—Eh, Gene, ven aquí. Quiero hablar contigo.

—Dígame, jefe.

—Mira, dime qué ves aquí.

—Es el armario de las escobas, jefe.

—No, Gene.

—¿No?

—No. Es el armario de las escobas abierto. ¿Te lo has dejado abierto tú?

—Eso creo, jefe.

—Por favor, que no vuelva a ocurrir. Has oído hablar de esas amenazas de bomba, ¿verdad?

—Claro, jefe.

—Bueno, pues quiero que sepas que se pueden hacer bombas con los productos químicos que tenemos aquí...

Puede que Gene no sea muy listo, pero en ese momento piensa que esos productos químicos se pueden comprar en cualquier Wall Mart.[11] Johnny Long averigua sus pensamientos, porque levanta un dedo y dice

—Más vale prevenir que curar. Mi anciano padre solía decir...

Pero Gene se queda sin saber lo que el anciano señor Long solía decir, porque en ese momento se escucha un disparo. Gene y Johnny reconocen el ruido inmediatamente.

—Dios, son disparos —dice el señor Long.

---

11. La cadena de hipermercados más importante de los Estados Unidos, caracterizada por ser el sitio donde compra la clase media o media-baja.

Trey Perkins había sido el primero en llegar a clase del profesor Bishop, o *herr*[12] Bishop, como le llama Trey cariñosamente. Estuvieron hablando de deportes, un tema ciertamente más interesante que la sintaxis del alemán. Como fan de los Atlanta Falcons, *herr* Bishop fastidiaba a su pupilo, fan de los New Orleans Saints. Estuvieron discutiendo cuál de los dos equipos entraría en el *draft* en la NFL.

Cuando la clase comenzó, Trey se sentó en el centro de la clase cerca de Erin Sheehan, la chica de la cabeza rapada. Le caía bien.

Trey apenas se fijó en el chico asiático que entró dos veces. Pero justo medio minuto después de su segunda aparición, unos extraños sonidos resuenan por el pasillo. Como pequeñas explosiones.

Todos se miran entre sí.

—¿Qué es eso? ¿Alguna clase de broma? —dice Trey.

—Hay obras en el edificio —le responde Erin.

Un chico de la primera fila se levanta, abre la puerta y se asoma.

—¿Ves algo?

—Nada.

El chico cierra la puerta y vuelve a sentarse.

—Eh, *herr* Bishop...

—¿Sí, Trey?

—Deberíamos poner algo delante de la puerta... —Trey no mira al profesor cuando empieza la frase. No lleva reloj, así que mete la mano en el bolsillo para sacar su teléfono móvil y mirar la hora. Son las 9:40— Ya sabe, sólo por si acaso.

Tan pronto termina de hablar, se abre la puerta, de golpe.

Cho entra en la clase. Sin mediar palabra, dispara a Jamie Bishop. La bala le destroza la cabeza.

12. *Herr* es «señor» en alemán.

Trey Perkins, flanqueado por sus padres, dos días después del incidente. El joven recibió formación de primeros auxilios en los Eagle Scouts. Con tan escasos conocimientos y usando ropa como vendas improvisadas, Trey fue capaz de salvar varias vidas

Trey se arroja al suelo inmediatamente. Mientras, siguen los disparos. Trey escucha uno o dos gritos, pero sobre todo el silencio salpicado de detonaciones. Es una matanza desapasionada, sin emoción. El joven empuja dos escritorios para que le sirvan de parapeto, aunque resulta una protección muy pobre.

De ninguna manera voy a salir vivo de ésta.

Oye llantos quedos, que por alguna razón le resultan más inquietantes que el sonido de los disparos.

Me pregunto qué dirá mi madre cuando le digan que he muerto.

Erin, mientras tanto, gatea hacia el final de la clase. Pasa por encima de dos cuerpos sin vida. Hace acopio de todas sus fuerzas y levanta uno de los cadáveres. En ese momento es incapaz de reconocer a la chica. Se coloca debajo del cadáver y se tapa la cara con el brazo, haciéndose la muerta. Cho pasa por allí segundos después. Erin ve con toda claridad la suela de sus botas por debajo del hueco de su brazo. Lucha para contener la respiración.

En ese momento un *clang* metálico junto a su oreja derecha la sobresalta. Erin reconoce el ruido porque lo ha escuchado en un millar de películas. Es el sonido del cargador vacío de una pistola automática cayendo al suelo. Erin se da cuenta de lo aterrador que resulta cuando es de verdad. Nota algo húmedo y siente que está cubierta de sangre.

Dios, que no sea la mía.

Hay más disparos, y un casquillo de bala cae sobre su cuello, caliente.

Erin se muerde el dorso de la mano para no gritar.

Cuando comenzó el tiroteo, Derek O'Dell, un estudiante de Biología de 20 años, apenas se lo podía creer. Estaba sentado en la segunda fila. La imagen de la bala haciendo pedazos el cráneo de Jamie se le queda grabada en las retinas durante unos instantes.

Luego siente mucho dolor. Antes de darse cuenta, está en el suelo y su jersey blanco se cubre de rojo oscuro. Cree que la bala le ha dado en el pecho y se encomienda a Dios.

Por favor, cuida de mi familia.

Enseguida se sorprende, porque es ateo. Pero en esa situación no parece tener demasiada importancia.

Derek cuenta los disparos.

Ocho.

Recarga.

Diez.

Tan silencioso como llegó, Cho cruza de nuevo la puerta en dirección al pasillo.

AULA 206. HIDROLOGÍA AVANZADA

Park Chang-Min se sienta cerca de la ventana, junto a Guillermo Colman y Partahi Lumbantouran. Partahi muere y su cuerpo caído protege a Guillermo.

Nathaniel Krause llama al 911 en cuanto Cho abandona el aula por primera vez. Brian Bluhm, Matthew Gwaltney y Juan Ortiz están sentados junto a él en la primera fila. Todos menos Nathaniel mueren..

Lee Hixon se sienta en esta zona y se libra milagrosamente haciéndose el muerto.

Julia Pryde, cerca de la puerta, recibe un disparo mortal.

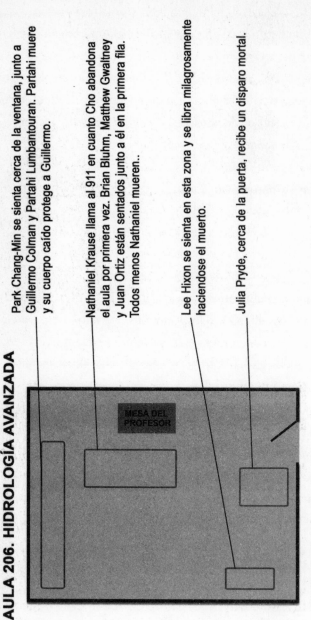

MESA DEL PROFESOR

Profesor: G.V. Loganathan
Estudiantes matriculados: 15
Estudiantes en clase el lunes 16 de abril: 14

72

Las armas de Cho Seung-Hui

Glock 19

9 mm

Precio: unos 350 euros

Longitud: 17,5 cm

Peso: 595 gramos
(sin cargador)

Capacidad del
cargador: 15 balas

9 mm   1 euro

2,6 cm

Cho adquirió la Glock 19 el día 12 de marzo de 2007 en Roanoke Firearms, una armería de Cove Road, Roanoke. Este arma puede llevar hasta 16 balas si se deja una en la recámara.

Walter P22

.22 Long Rifle

Precio: unos 210 euros

Longitud: 16 cm

Peso: 425 gramos
(sin cargador)

Capacidad del
cargador: 10 balas

.22 LR 1 euro

2,1 cm

El asesino compró su primera arma, la Walter P22, el día 9 de febrero de 2007 y estuvo practicando con ella en varios campos de tiro cercanos al campus. El lugar donde se hizo con la pistola fue una casa de empeños de Blacksburg.

09:40 PRIMER PISO DEL NORRIS HALL, CERCA DEL ASCENSOR

Johnny Long, supervisor, y Gene Cole, conserje, se quedan paralizados algo más de un minuto, escuchando los ruidos indescriptibles que llegan de un piso más arriba. El ruido se extingue y luego vuelve a empezar. Vuelve a extinguirse. Se oyen gritos.

—Voy a buscar a Pam, jefe. Usted llame a la policía.

Gene, sin pensar en nada, entra en el ascensor y aprieta el botón del segundo piso.

09:41 NORRIS HALL, SEGUNDO PISO, SALA DE ESTUDIANTES

El grupo de Pam Tickle, en su ruta hacia la sala de estudiantes, recorre unos diez metros y tuerce a la derecha. Al abrir la puerta de la habitación, se encuentran con un chico rubio tendido en el sofá. Está dormido, pero se despierta cuando ellos entran.

—Lo siento, solo estaba descansando un poco...

—No pasa nada —dice Pam—. ¿Tenías que estar en clase?

—Tenía clase de Hidrología, pero pensé en fumármela para poder descansar un poco. Estoy hecho un asco. ¿Qué coño es eso?

Los disparos han empezado otra vez, y esta vez suenan más cerca. Pam ya no tiene dudas. Mira a Daniel Stumpf y a los otros dos estudiantes cuyos nombres no conoce.

—Chicos, hacedme un favor. Cerrad la puerta por dentro y atravesad ese sofá delante. Seguro que no es nada, pero...

—Seguro que no es nada.

—Claro.

—Dentro de una hora nos estaremos riendo de lo tontos que somos.

Pero, por si acaso, colocan el sofá delante de la puerta. Daniel sugiere apagar las luces y esconderse debajo de una mesa, y eso hacen. Finalmente usan el móvil de Daniel para llamar al 911.

Kevin Granata y Wally West bajan por las escaleras para investigar lo que está sucediendo una planta más abajo. El estruendo de los disparos se ha acallado, así que Kevin entra en el corredor. Hay un chico saliendo de una de las clases.

—¿Todo va bien? —dice Kevin.

El joven levanta los brazos. Tiene una pistola en cada mano. Aprieta el gatillo, desde una distancia de apenas tres metros. Alcanza a Kevin en plena cara, a Wally en el antebrazo derecho. Kevin se desploma. Wally se da la vuelta y se dirige a las escaleras. Hay más disparos, que se estrellan en la pared a pocos centímetros del rostro de Wally, pero éste consigue ponerse a salvo.

AGENTE WHITT: Nueve uno uno, emergencias. ¿En qué puedo ayudarle?

LLAMADA 329/04/16: Hola, mi nombre es Pam Tickle. He escuchado unos disparos. Bueno, creemos que son disparos.

AGENTE WHITT: Le habla el agente Whitt. ¿Dónde se encuentra, señora Tickle?

LLAMADA 329/04/16: Estamos en Virginia Tech. En Norris Hall.

AGENTE WHITT: Disculpe, señora, ¿ha dicho WJ Hall?

LLAMADA 329/04/16: No, en Norris Hall. Debajo de una mesa.

AGENTE WHITT: ¿Oyó los disparos esta mañana?

LLAMADA 329/04/16: Los estoy oyendo ahora.

AGENTE WHITT: Señora, ¿hay un tiroteo en curso? ¡Sargento!

LLAMADA 329/04/16: ¡SÍ, SÍ. Envíen ayuda!

AGENTE WHITT: Señora, necesito que confirme su ubicación.

LLAMADA 329/04/16: Sargento, algo sucede.

LLAMADA 329/04/16: ¿Oiga?

AGENTE WHITT: Si señora. Un momento señora.

LLAMADA 329/04/16: ....

AGENTE WHITT: Señora, ¿puede usted ver al tirador?

LLAMADA 329/04/16: No. Estamos escondidos debajo de una mesa en la zona de estudiantes del segundo piso en Norris Hall. Somos cuatro personas...

SARGENTO STEIN: Señora Tickle, soy el sargento Stein. Dígame, ¿han cesado los disparos?

LLAMADA 329/04/16: No, sargento. No han cesado.

09:42 NORRIS HALL, ASCENSOR, SEGUNDO PISO

Las puertas del ascensor se abren y Gene da un paso fuera. Sólo uno. El primer pensamiento es tan surrealista que habla por sí solo.

—Mi pasillo está lleno de sangre. Yo no pienso limpiar todo esto.

Y enseguida empieza a vocear.

—¡Pam! ¡PAM TICKLE! ¡¿Dónde estás?!

Gene se interrumpe. En el suelo ve una bolsa de libros. Y luego algo que parece un cuerpo humano. Gene es corto de vista, así que se agacha para ver mejor. Es un ser humano agonizante, estremeciéndose. En ese momento, Gene sólo puede pensar que es Pam, a pesar de que sea un hombre y esté vestido con ropas claras. La mente del conserje se ha bloqueado en ese pensamiento.

Algo, sin embargo, llama su atención. Con el rabillo del ojo ve a alguien. Se da la vuelta. En el otro extremo del pasillo hay un hombre vestido de forma extraña, sujetando una pistola con ambas manos.

Que apunta directamente hacia él.

Gene le mira durante un instante. Hay casi doce metros hasta el lugar donde está el intruso con la pistola. En ese momento Cho dispara. Cinco veces. Gene siente el aire caliente desplazarse alrededor de su cara. Está milagrosamente ileso.

Empieza a correr. Nunca pensó que pudiese correr tan deprisa. Llega hasta la escalera de atrás y baja dos pisos, buscando un teléfono.

Oh, Dios. Sólo espero que Pam esté bien.

09:42 NORRIS HALL, CLASE 205 (COMPUTACIÓN CIENTÍFICA)

El frustrado intento de Gene Cole de rescatar a Pam tendrá, sin embargo, un efecto providencial sobre las vidas de diez estudiantes y una profesora.

Haiyan Cheng, asistente de investigación de 36 años, no está acostumbrada a dar clase, aunque en las pocas ocasiones en que lo hace lo disfruta mucho. Ese día está haciendo una sustitución al profesor titular, que está fuera dando una conferencia.

Así que Haiyan se encarga del tema del día, «Soluciones numéricas del protocolo ODE», que domina a la perfección. La clase transcurre sin incidentes hasta que un estruendo detiene su explicación sobre el análisis de la estabilidad del protocolo.

Haiyan Cheng, asistente de investigación en VT, no da clase casi nunca. Ese día estaba haciendo una sustitución

Zack Petkewicz, estudiante en la 205, salvó su vida y las de todos los ocupantes del aula con su decisión de poner una barricada en la puerta

—¿Qué eso? ¿Sabéis si hay alguna obra en marcha cerca?[13]

—La semana pasada estuvieron haciendo mucho ruido, estaban cambiando unas ventanas.

—Pues menudos martillazos.

—Seguro que han empezado otra cosa. Últimamente han estado haciendo muchas reformas.

Haiyan intenta seguir adelante con la clase pero los «martillazos» suenan cada vez más alto. Y los sonidos son demasiado secos y regulares como para seguir pensando en martillazos.

—Eso ha sido un grito —dice Zack Petkewicz, uno de los estudiantes.

Todos se callan y aguzan el oído. Siguen escuchando los mismos sonidos.

En ese momento Haiyan decide ir a averiguar qué pasa. Theresa Walsh, una estudiante sentada en la primera fila, y la profesora se levantan y abren la puerta.

Todo está en silencio.

Ambas asoman medio cuerpo fuera.

Theresa mira a la profesora y va a decirle que no ve a nadie, cuando se da cuenta que Haiyan tiene la mirada fija detrás de ella y una expresión de terror en su cara.

Con el rabillo del ojo, Theresa ve una figura oscura, a menos de tres metros. Apenas puede fijarse en los detalles, pero ve la pistola en su mano. Negra y brillante.

Cierran la puerta a toda velocidad.

13. Para Haiyan era la primera vez que visitaba Norris Hall. De hecho tuvo que preguntar a los conserjes cómo llegar hasta la 205.

—Hay un tipo con una pistola ahí fuera.

Todos los chicos de la clase se ponen de pie. Uno de ellos saca el móvil y llama a la policía.

En ese momento se oyen unos gritos en el pasillo. Y enseguida unos disparos.

Aunque ellos, en ese momento, no lo saben, los gritos eran los de Gene Cole, que con su subida al segundo piso distrajo momentáneamente a Cho. Y eso le da el tiempo necesario a uno de los alumnos de la 205 para improvisar un plan. Una persona que, al principio, estaba atenazada por el terror.

Cuando Haiyan y Theresa hacen su inquietante anuncio, Zack se levanta y se esconde detrás del podio. Pero de pronto, mientras resuenan los cinco disparos con los que Cho pretende alcanzar al conserje, Zack se da cuenta de algo.

No hay nada que impida a ese tipo entrar aquí. Sólo somos un puñado de patos de feria.

Se pone de pie y señala a dos de sus compañeros.

—Tú y tú. Echadme una mano con esto.

Entre los tres levantan la mesa del profesor que, al contrario que en otras clases, era bastante pesada y con patas de metal. La bajan del podio y la arrastran hasta bloquear la puerta de la clase.

—Agachaos allí y allí —ordena Zack a sus compañeros, sin saber siquiera de dónde sale la autoridad y la energía para hacer lo que está haciendo.

Entre los tres se colocan a los lados de la puerta, sosteniendo con fuerza las patas y protegidos por la pared.

Qué a tiempo. Los disparos fuera han cesado, y unos pasos se acercan a la puerta. El picaporte gira. Una, dos, tres veces. La puerta no se abre.

De pronto, Cho le propina un tremendo empujón con el hombro. La puerta se abre unos centímetros.

Zack piensa muy deprisa. El tirador no necesita entrar del

LA TRAMPA DEL INCONSCIENTE RACIONAL

En situaciones de estrés, los seres humanos tienden a poner en un contexto conocido aquellos estímulos del exterior que les resultan amenazadores o desconocidos. Como hemos ido leyendo, casi todos los estudiantes y profesores involucrados en los tiroteos de Norris Hall y West Ambler Johnston Hall intentaron buscar una explicación «racional» a los extraños ruidos que interrumpieron el normal desarrollo de sus actividades. Recordemos como Molly Donohue despertó y atribuyó los cuatro fuertes «pop» a una cama desplomándose, una deducción que no resiste el más mínimo análisis. Pero en situaciones complicadas, el cerebro busca la solución menos estresante, la que aporta mayor tranquilidad. En el caso de Norris Hall, el primer pensamiento de casi todos los implicados era que eran ruidos de construcción. Los psicólogos llaman a éste fenómeno «contextualización de estímulo discordante», y en la práctica este mecanismo de defensa del inconsciente puede ser perjudicial ya que deja al individuo más desprotegido al descartar como improbable la opción menos agradable. En el caso del aula 205, la rapidez de actuación —combinada con los factores de tener una mesa más pesada que el resto de las aulas y los preciosos segundos que les proporcionó la alocada salida de Gene Cole del ascensor— fue determinante para la supervivencia del grupo.

todo. Bastaría con que abriese la puerta un poco y después atrancase algo en el hueco, y tendría ángulo suficiente para disparar a los que sostienen la improvisada barricada. Y eso sería el fin.

—¡Ayuda!

Un nuevo golpe. La puerta se abre un poco más.

Lisa Kaiser, una joven de 20 años delgada y bajita se levanta de detrás del podio, donde el resto de miembros de la clase están acurrucados temblando. Pasa al lado de un integrante del equipo de fútbol americano, que hubiera sido bastante más apropiado para la tarea si no estuviese temblando, y se coloca al lado de Zack, empujando la cuarta pata de la mesa.

Entre todos consiguen volver a cerrar la puerta.

—Dios —Zack respira aliviado.

Un disparo atraviesa la puerta, dejando un hueco del tamaño de un huevo de gallina. Le sigue otro, algo más pequeño, que deja su huella a pocos centímetros. Las dos balas van a estrellarse contra el podio. Una nube de astillas y pequeñas esquirlas de metal cubre a los cuatro alumnos que están sujetando las patas.

Una de las más pequeñas se clava en la mejilla de Lisa Kaiser. Zack se la arranca con cuidado, y una pequeña gota carmesí rueda por el rostro de Lisa.

Gracias a Zack, esa será la única sangre que Cho se cobrará en la clase 205.

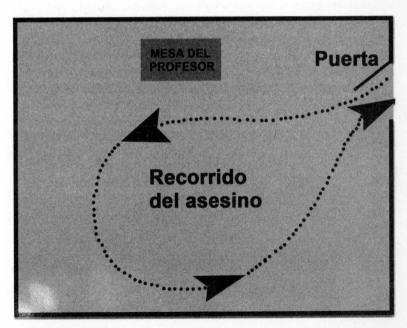

El recorrido de Cho Seung-Hui en cada clase seguía una órbita elíptica y en dirección contraria a las agujas del reloj, según los testigos

Trey comienza a moverse despacio, con los párpados apretados. Primero se palpa todas las extremidades, el pecho, la espalda, la cabeza. Ahora que sabe que no está herido, se atreve a abrir los ojos. Tiene salpicones de sangre en las manos, pero sabe que no es suya. El suelo está resbaladizo y hay un hedor terrible. Uno es metálico, como morder una pila: sangre. El otro es mucho más mundano. Cuando Trey tenía trece años se apuntó a los Eagle Scout. Un verano que fue de campamento tuvo la desgracia de caer en una letrina.

Este olor es mucho peor.

Trey ha visto suficientes episodios de CSI como para saber que en la muerte se relajan los esfínteres. Y ese pensamiento es suficiente para que se atreva a ser el que dé el primer paso en la clase 207.

Levanta la cabeza. Están solos en el aula.

—¡Chicos! —susurra—. ¿Estáis bien?

Nadie responde.

—Vamos, soy Trey. Levantad la mano los que estéis vivos, joder.

Poco a poco la levantan Derek O'Dell, Erin Sheehan y Katelyn Carney. Trey se queda mirando fijamente la mano de Katelyn. A través de su palma puede ver las ventanas de la clase. Katelyn se fija entonces en el disparo y reprime un grito.

Trey se da cuenta de algo: el pistolero puede volver. Así que insta a sus compañeros a hacer algo al respecto.

—Tíos, ese hijo de puta puede volver. Tenemos que impedirle entrar. Hablad en voz baja, no queremos que sepa que todavía hay gente viva aquí.

Katelyn Carney y Derek O'Dell, a pesar de estar heridos, se arrastran hasta la puerta y la cierran despacio. Después se tumban en el suelo y ponen los pies contra la madera.

Trey se quita la sudadera y la parte en dos con los dientes. En su cabeza resuena la voz de su instructor en los Eagle Scouts cuando le enseñaba primeros auxilios...

...el torniquete por encima de la herida, luego compresión, aflojar el torniquete cada pocos minutos...

Primero se encarga de Katelyn y de Derek. Lo de Katelyn no es grave, aunque sea muy aparatoso.

—¿Puedes mover los dedos?

Katelyn mueve un poco el índice y el meñique.

—¿Te duele?

—No.

Katelyn está en shock, pero su mano se pondrá bien. Trey la venda como puede.

Derek tiene una herida algo más seria en el brazo. Está sangrando bastante, pero el torniquete de Trey detiene la hemorragia. Otro chico, Sean McQuade, está gimiendo de dolor a pocos metros. Se tapa la cara con la mano, que está completamente roja. Sean tiembla y llora muy bajito.

—Déjame ver.

Él se resiste al principio, pero al final retira la mano.

Trey reprime una arcada.

Una bala de Cho le ha dado en la boca y le ha arrancado media mandíbula. El joven usa una sudadera que encuentra cerca para colocarla contra el terrible destrozo.

—Aprieta aquí, ¿vale? Tranquilo. Tiene arreglo —dice, sin saber si es verdad o no.

—Eh, ¿podéis echarme una mano?

Trey se pone de pie. Reconoce la voz de Garret Evans, un chico que estaba sentado en la cuarta fila. Cuando empezaron los disparos se arrastró hasta el final de la clase. Su voz suena allí pero Trey no puede verle.

El joven tiene que cruzar los pasillos hasta el fondo, así que se

AULA 207. ALEMÁN ELEMENTAL

Derek O'Dell recibe un disparo en el brazo pero no se da cuenta. Se arroja al suelo y gatea hasta el final del aula.

Derek O'Dell, Erin Sheehan y Kathelyn Carney se tumban en el suelo y ponen los pies contra la puerta para impedir el regreso de Cho.

Cuando Cho se marcha la primera vez, Trey Perkins se hace cargo de los heridos y salva la vida a tres de ellos.

Todos los que se sentaban en la primera fila (Michael Pole, Lauren McCain, Maxine Turner y Nicole White) mueren casi instantáneamente.

MESA DEL PROFESOR

Profesor: Jamie Bishop
Estudiantes matriculados: 15
Estudiantes en clase el lunes 16 de abril: 9

84

pone de pie sobre los pupitres y los usa como un sendero hasta la voz de Garret. La alternativa es pisar algo que preferiría evitar.

Garret tiene 30 años y es del sur de Chicago. Cho le ha alcanzado en ambas piernas.

—Hey, Garret.

—Hey, chico.

Trey se asusta mucho porque Garret está muy pálido y apenas tiene un hilo de voz.

Se va. Si no hago algo, se va.

—Garret, quiero que me escuches ¿vale? Vas a salir de ésta, pero necesito que te quites la camiseta.

—Tendrás que ayudarme. Me duele mucho.

Trey le ayuda a sacarse la camiseta y la usa para hacer un torniquete en la pierna izquierda. Para la derecha usa la suya propia.

Mientras le está apretando el torniquete, Garret comienza a reírse.

—¿Qué coño es tan gracioso, tío? —dice Trey, que casi no puede reprimir el impulso de darle una bofetada al herido.

—Mierda, Trey. Cuando me vine de Chicago dije, joder, por fin un lugar tranquilo, lejos de las bandas, los tiroteos... Dime que no es jodidamente divertido. Dime que no es jodidamente irónico.

Trey no responde.

09:42 NORRIS HALL, CUARTO DE BAÑO DEL PRIMER PISO

Zach Vane, estudiante de Ingeniería en el primer piso, está terminando de lavarse las manos y se dispone a volver a su aula. En ese momento se lleva el susto de su vida.

Wally West entra en el cuarto de baño, gritando.

—¡Me han dado! ¡Me han dado, joder!

Zach intenta tranquilizarle. Wally le explica cómo ha visto

morir en el pasillo hace pocos segundos y que hay un loco con una pistola persiguiéndole. Cierran la puerta y llaman al 911. Una música suave de piano y una voz de hombre les anuncian que el número de emergencias de la policía está saturado de llamadas en esos momentos y que les atenderán lo antes posible.

Su seguridad es importante para nosotros, dice la voz.

No es que el dato les sirva de mucho, pero ésa es la primera vez en la historia de Blacksburg, Virginia, en la que se utiliza ese mensaje grabado.

09:43 NORRIS HALL, CLASE 204 (MECÁNICA DE LOS CUERPOS SÓLIDOS)

El hombre que de tan excéntrica manera había irrumpido en el cuarto de baño arruinando el fregado de Gene Cole se llama Liviu Librescu. Tiene 76 años, nació en Rumanía y es un hombre respetado por sus alumnos. Por muchos motivos. Ser un excelente profesor, llevar 11 años de retraso en la jubilación, realizar un ingente esfuerzo de comunicación a diario, a pesar de no tener un nivel de inglés demasiado bueno, por mencionar unos cuantos.

Ser un superviviente del Holocausto está entre ellos.

Liviu sobrevivió a muchas cosas. Nacer en 1930 en Europa del Este y ser judío te garantiza una biografía interesante. En el caso de Liviu, casi es una acumulación histórica de la xenofobia antisemita en Rumanía. Su padre fue internado en un campo de concentración nazi. Luego trasladaron a toda la familia al gueto de Focşani, para finalmente trasladar a los pocos que quedaron, de nuevo, a un campo de concentración nazi en Transnistria. Y, tras la caída de Hitler, a Liviu le llevaron a un campo de concentración soviético.

Venció. Por el único método que pueden ganar los aplastados: queriendo vivir por encima de todo. Sobrevivió y llegó a con-

86

vertirse en ingeniero aeroespacial en Bucarest. Volvió a sufrir la persecución cuando se negó a jurar fidelidad al partido comunista y finalmente emigró a Israel con toda su familia. En 1978 comenzó a dar clases en Tel Aviv y se convirtió en uno de los principales científicos mundiales en aeroelasticidad de las estructuras. En 1985 se mudó a la VT para quedarse y hoy en día es el profesor que más artículos ha publicado en la historia de la institución.

Ése es el hombrecillo que salta casi a diario por encima del cubo de agua de fregar de Gene porque no aguanta las ganas de ir al lavabo.

Es el mismo hombrecillo que salvará las vidas de casi todos sus estudiantes.

Cuando empezaron los disparos, Richard Mallalieu, un estudiante de ingeniería de 23 años, creyó, como muchos otros, que eran sólo ruidos de construcción. Pero, cuando empiezan los gritos, Richard tiene claro que algo malo está pasando. Los alumnos se echan al suelo, comienzan a parapetarse detrás de pupitres y sillas, pero no hay ningún mueble en la clase suficientemente robusto como para

Richard Mallalieu

bloquear la puerta. Unos pocos intentan abrir la ventana del fondo. Está firmemente cerrada, pero Richard coge una silla y la estrella contra los cristales. Tras varios empellones, la ventana se rompe. Otros estudiantes siguen su ejemplo y consiguen abrir otras dos ventanas.

Liviu, sintiendo el pánico crecer en sus estudiantes, abre la puerta. En ese instante ve a Cho intentando entrar en la clase 205 por todos los medios sin conseguirlo.

Liviu cierra la puerta. El miedo le atenaza la garganta. Intenta hablar en inglés, pero el estrés le ha dejado la mente en blanco. Así que recurre a los gestos. Sacude los brazos, señala la ventana. Los chicos comprenden. No queda otro remedio que saltar, a pesar de que sea un segundo piso.

Uno por uno van saltando por la ventana rota. Son tres metros y medio de altura. Abajo hay césped y unos arbustos, pero también un pasillo de cemento. Algunos consiguen aterrizar en blando, alcanzando el suelo con tan sólo unos rasguños. Otros no tienen tanta suerte. Un chico se rompe las dos piernas. Otra chica aterriza sobre su espalda.

Mientras sus alumnos se ponen a salvo, Liviu atranca la puerta con su diminuto cuerpo. Richard se acerca y se pone a su lado, intentando ayudarle.

Liviu le hace gestos desesperados.

Vete.

Richard, finalmente, corre hacia la ventana. Se pone de pie en el alféizar, se acuclilla, se apoya en la repisa cortándose la mano con un cristal, se queda colgando unos instantes y salta.

Aterriza en el suelo de cemento sobre sus pies y rueda hasta el césped. Se pone de pie. Está milagrosamente a salvo.

Mientras, Cho golpea la puerta con el hombro.

Una vez.

Dos.

A la tercera, el joven coreano de 23 años, 1,89 y 75 kilos de peso, puede con el viejo de 76 años y 1,70 de estatura. Liviu cae al suelo.

Cho le ejecuta allí mismo, sin una palabra.

Alec Calhoun, de 22 años, tiene mucho miedo a las alturas. Por eso es uno de los que más tardará en saltar. Toda la escena, desde que Cho abre fuego contra Gene Cole hasta que consigue entrar a la fuerza en el aula 204, no dura más de diez segundos. Alec necesitará nueve de ellos para decidirse.

Alec Calhoun

Cuando finalmente se pone de pie en el alféizar de la ventana, ver a los otros estudiantes que han caído mal y que gimen en el suelo, mientras los compañeros que han tenido mejor suerte los arrastran para dejar sitio a los que vienen detrás, no le anima precisamente.

Alec se fija en Judy, una compañera de clase con la que ha estado charlando una hora antes. Dos chicos tiran de sus brazos. Judy, de espaldas, tiene la pierna izquierda tan torcida que no parece pertenecer a su cuerpo, sino algo que un cirujano loco haya cosido a sus pantalones.

Entre el cemento o las balas, la elección debería estar clara. Pero Alec no lo ve tan fácil. Finalmente, respira hondo.

Salta.

Es un salto afortunado. Mucho. Alec cae en los arbustos, sin hacerse ni un cardenal. Ha sido el noveno alumno en escapar.

Detrás de Alec, sólo quedan tres compañeros. Uno es Minal Panchal, una joven india de 26 años que acaba de graduarse en Arquitectura y que está estudiando el doctorado.

Otro es Matt Webster, de Smithfield. Matt tiene 23 años y es un joven inteligente y muy seguro de sí mismo.

El tercero es Daniel Thom, de 24 años, que se ha arrojado al suelo, en blanco.

Dos segundos antes de que Cho entre en el aula de Mecánica de los Cuerpos Sólidos, Minal está aterrorizada. Se encoge detrás de su silla, echa un ovillo.

AULA 204. MECÁNICA DE LOS SÓLIDOS

Los estudiantes saltan por la ventana desde tres metros y medio de altura tras romper tres de ellas. Varios se provocan fracturas de consideración. Tres no saltan.

Matt Webster es herido en el brazo y una bala le rasca la cabeza, pero sale ileso a pesar de que se negó a saltar.

Minal Panchal fue la única estudiante que murió. Estaba al lado de Matt Webster y de Daniel Thom.

El profesor Liviu Librescu, científico de renombre internacional, da la vida por sus alumnos bloqueando con su propio cuerpo la entrada de Cho, quien finalmente vence por la fuerza al hombre de 73 años y le dispara en la cabeza. Frustrado por la huida del grueso de la clase, Cho se marcha rápidamente tras vaciar un cargador.

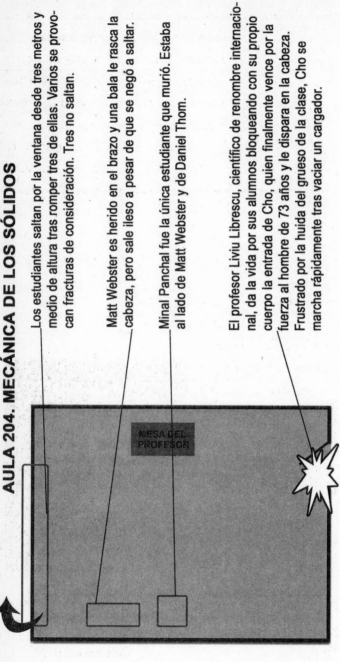

MESA DEL PROFESOR

Profesor: Liviu Librescu
Estudiantes matriculados: 23
Estudiantes en clase el lunes 16 de abril: 13

Dos segundos antes de que Cho irrumpa por la fuerza, Matt está sentado en su silla, intentando convencerse de que no ocurre nada, a pesar de que Liviu esté apuntalando la puerta con su cuerpo, a pesar de que sus compañeros huyan desesperados.

No voy a saltar desde la ventana de un segundo piso en Norris Hall por algo que podría no ser nada. Sólo son ruidos de construcción. Sólo eso. Alguien está usando una pistola de clavos y se han olvidado de avisarnos. Me parece una gran irresponsabilidad no avisar a los estudiantes de que hay una obra en marcha. La gente está saltando desde tres metros de altura. Alguien podría hacerse daño. Seguro que alguien demanda a la universidad por esto. Sólo es una pistola de clavos.

Cho entra en el aula y lo que lleva en cada mano no es precisamente una pistola de clavos. El joven coreano dispara a bocajarro al profesor Librescu.

Matt se arroja al suelo y se hace una bola.

Daniel Thom se parapeta tras su silla.

Minal Panchal no se mueve.

Desde el suelo, entre las patas de los pupitres, Matt ve acercarse a Cho. Está serio, pero en su rostro hay premura. Tal vez sea sólo que acusa el esfuerzo que ha hecho intentando entrar en la 205, combinado con el que le ha costado forzar su entrada en la 204. Tal vez sea el haber soportado en tan corto espacio de tiempo los latigazos de retroceso de la Glock 19 y la P22. Tal vez intuya que se le acaba el tiempo.

Matt Webster recibió dos disparos de Cho en el aula 204. Uno le dio en el brazo, otro le rozó el cráneo. «Vivo por dos milímetros», dice

Cho levanta ambas manos y hace fuego cuatro veces. Dos con la Glock sobre Minal Panchal; la chica apenas se mueve, luego cae muy despacio. Dos con la P22 a Matt Webster; una bala le alcanza en un brazo, otra en la cabeza.

El asesino no repara en Daniel Thom. Con pasos rápidos se marcha.

09:45 EXTERIOR DEL NORRIS HALL

El ruido de sirenas crece mientras todos los efectivos disponibles, incluso policías de otros condados, se dirigen hacia Norris Hall. Los primeros agentes en llegar a la puerta principal se la encuentran bloqueada. Uno de ellos grita por la radio.

—Unidad 44 a central. Acceso a Norris Hall imposible. Puertas bloqueadas, solicitamos instrucciones. Cambio.

—Aquí Central. ¿Qué equipo llevan, unidad 44? Cambio.

Tras su llegada, la policía tardó cinco minutos en intervenir, un tiempo
que se antoja excesivo

—Uniforme de faena, escopeta y arma reglamentaria. Cambio.

—Esperen a la unidad táctica. Repito, esperen a la unidad táctica. Desconocemos la entidad de la amenaza. Cambio.

—Central, hay un tiroteo en marcha en el interior. Confirme esperar a los tácticos. Cambio.

—Confirmada espera. Déjenselo a los SWAT.[14] Recopilen la información posible desde el exterior. Estarán ahí en dos minutos. Cambio.

—Roger,[15] Central. Cambio y cierro.

09:45 NORRIS HALL, CLASE 211 (FRANCÉS INTERMEDIO)

Si hubo una clase que aquella fatídica mañana de lunes sufrió la agonía de la incertidumbre, fue la 211. Suyo fue el mayor tiempo de espera, y suyo fue también el mayor número de bajas.

Recordemos que habíamos comenzado nuestra visita al aula 211 con Colin Goddard y Kristina Heeger, que llegaron un minuto tarde a clase de *madame* Jocelyne Couture-Nowak. Algo más tarde, una alumna había llegado con la noticia del tiroteo en West Ambler Johnston Hall que les había dejado bastante nerviosos.

De los treinta pupitres, sólo 17 estaban ocupados. Cuatro alumnos habían faltado aquella mañana. Los pasillos estaban ates-

---

14. *Special Weapons And Tactics* (Armas y Tácticas Especiales), el grupo de operaciones especiales en la policía de Estados Unidos, entrenado para actuar en los escenarios más complejos y arriesgados, como ataques terroristas, enfrentamientos armados con mafiosos y criminales organizados o rescate de rehenes. Su armamento consiste en ametralladoras, granadas de gas lacrimógeno y aturdidoras y fusiles de precisión. Se organizan en equipos de diez hombres, subdivididos en unidades de cinco hombres, llamados elementos.

15. Expresión utilizada por militares y fuerzas de seguridad para indicar «de acuerdo». La palabra «Okey», a través de una transmisión de radio, suena muy indeterminada y puede ser pasada por alto.

Matthew LaPorte, un joven de 20 años de Nueva Jersey, pertenecía al Cuerpo de Cadetes de Virginia Tech. Su intento de repeler la agresión de Cho fue heroico y trágico

tados de carteras y mochilas. La televisión, encendida en un canal meteorológico francés. Jocelyne escribe algo en la pizarra.

—Traducid esto. En voz alta, Kristina, por favor.

—Britney Spears se ha casado... ¿frecuentemente con Christina Aguilera?

—¡Cerca! Britney Spears se ha casado más a menudo que Christina Aguilera. Ahora vamos a...

—¿Qué es eso?

Los pop, pop, pop se suceden. En la 211 hay más razones que en ninguna clase para confundir los ruidos de disparos con ruidos de martillazos, ya que las obras han tenido lugar justo en la clase que está debajo de éste aula.

Sin embargo, la ilusión no dura demasiado tiempo. Y el que la destruye es el benjamín de la clase.

—Profesora Couture-Nowak, eso es el ruido de un arma de fuego.

El que acaba de hablar es Matthew LaPorte. Matthew nació en Nueva Jersey en 1986, y desde muy joven fue un niño muy problemático. Sus padres, hartos de ver cómo el chico se metía en líos, le apuntaron a Carson Long, un instituto militar. Esa experiencia cambió su vida. De rebelde a número tres de su promoción en tan solo tres años. Allí decidió que quería hacer carrera en las Fuerzas Armadas

Para ello escogió la tercera escuela militar más prestigiosa de EEUU: el Cuerpo de Cadetes de Virginia Tech. Esta escuela, que está adscrita a la universidad, ha producido en sus 135 años de historia más de cien generales y recibido siete Medallas de Honor del Congreso.[16] Para Matt, estudiar allí para graduarse como oficial de la Fuerza Aérea era un honor. Afrontaba su primer año con una alegría desbordante.

Y allí está, en la primera fila, con su uniforme militar y su mano levantada, informando de que eso son disparos, no martillazos.

Clay Violand, bajo en una banda de rock, fue el único en contemplar el final de Cho

Jocelyne se asusta de verdad. Desde que lo conoce, Matt siempre se ha mostrado como una persona juiciosa y equilibrada. Así que duda entre hacerle caso —lo que puede provocar el pánico entre los estudiantes— o tranquilizarles y capear el temporal lo mejor posible. Jocelyne se debate en el dilema, pero, por suerte, alguien decide por ella.

Hilary Strollo recibió tres disparos, pero consiguió salir con vida

—¡Vamos a bloquear la puerta, profesora! —dice Clay Violand.

Clay es un joven inquieto y respondón, que toca el bajo en una banda y lleva siempre el pelo por los hombros. Es la antítesis de Matt Laporte, y esa coincidencia entre dos personas tan diferentes es lo que convence del todo a Jocelyne.

—Hilary, Matthew, echadme una mano.

El joven cadete y Hilary Strollo, la chica de ojos azules que se sienta a su

16. El más alto honor militar concedido en los Estados Unidos de América, equiparable a la Cruz Laureada de San Fernando en España.

lado, se levantan y comienzan a colocar algunos de los pupitres desocupados delante de la puerta. No hay ninguna mesa pesada en la clase, así que es lo mejor que tienen.

Y no es mucho.

Los pupitres forman una protección muy endeble. Los alumnos vuelven a sentarse en sus pupitres. Jocelyne se queda junto a la puerta, con la espalda contra la pared. La preocupación es bien visible en los rostros de todos. Ross Alameddine, uno de los chicos más jóvenes, estruja entre los dedos una bola de papel. Lo hace con tanta fuerza que tiene blancos los nudillos. Varios de los alumnos encienden sus teléfonos móviles para llamar a la policía.

Colin Goddard es uno de ellos.

—911, emergencias. Dígame.

—Señorita, estamos en Norris Hall, aula 211. Tenemos un problema, creemos... no se ría, pero creemos que hay alguien disparando en el pasillo.

—¿Dónde me ha dicho que está? No puedo oírle. Hay muy mala cobertura.

—Norris Hall, aula 211.

—Repítalo, por favor. Apenas le oigo.

—¡Norris Hall, aula 211! ¡Norris Hall, aula 211!

Afuera, los disparos se recrudecen y luego cesan de golpe.

Todos respiran aliviados.

Después, alguien gira el picaporte.

La puerta no se abre. Suenan dos disparos. Luego dos empujones.

Los escritorios caen al suelo y Cho entra en el aula 211.

Primero busca con la mirada a la profesora. Al igual que en el resto de las clases, ella es la primera en morir.

Tras la profesora, Cho empieza a disparar a la gente que está más cerca de la ventana primero, Colin entre ellos. Siente un chorro de aire caliente en su pierna y el olor de la pólvora. El teléfo-

AULA 211. FRANCÉS INTERMEDIO

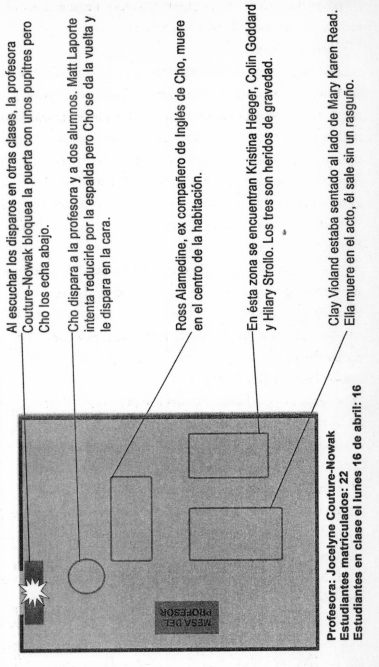

Al escuchar los disparos en otras clases, la profesora Couture-Nowak bloquea la puerta con unos pupitres pero Cho los echa abajo.

Cho dispara a la profesora y a dos alumnos. Matt Laporte intenta reducirle por la espalda pero Cho se da la vuelta y le dispara en la cara.

Ross Alamedine, ex compañero de Inglés de Cho, muere en el centro de la habitación.

En ésta zona se encuentran Kristina Heeger, Colin Goddard y Hilary Strollo. Los tres son heridos de gravedad.

Clay Violand estaba sentado al lado de Mary Karen Read. Ella muere en el acto, él sale sin un rasguño.

MESA DEL PROFESOR

Profesora: Jocelyne Couture-Nowak
Estudiantes matriculados: 22
Estudiantes en clase el lunes 16 de abril: 16

no cae al suelo y Colin también. Siente el terminal cerca de su oreja, puede oír a la operadora de la policía preguntándole si está bien.

Claro que no estoy bien, estúpida. Voy a morir, piensa.

Mientras, Matthew Laporte ve como Cho se dirige hacia la ventana y ve su oportunidad. En ese momento él está cerca de la pared y podría haber escapado por la puerta. Pero toma la decisión más valiente y más incorrecta. Despacio, se coloca detrás de Cho. Apenas tres metros le separan del joven coreano. Matt cree que tiene una ocasión de alcanzar y desarmar al tirador.

Avanza poco a poco.

Desde el suelo, Hilary Strollo ve el desesperado intento de Matt y reza en silencio porque lo consiga.

Cho gira levemente la cabeza, percibiendo a Matt con el rabillo del ojo. Se da la vuelta.

Matt abandona la actitud cautelosa y se lanza contra el tirador, pero aún le separa medio metro de él.

De frente, Cho le dispara. Con el primer tiro, Matt cae de espaldas. Cho avanza hacia él y le dispara cuatro veces más. Luego se vuelve hacia Hilary Strollo y le pega un tiro en el estómago. Un segundo le roza la cabeza a la joven. El siguiente es Ross Alameddine, que recibe tres disparos en el pecho y muere en el acto.

Clay Violand, que ha caído cerca de Colin Goddard y Kristina Heeger, fija sus ojos en Kristina. Los dos se buscan con la mirada desesperadamente. Suenan más disparos y la mirada de Kristina se pone en blanco. Cho le alcanza una, dos, tres veces. La primera en los glúteos, la segunda en el costado, la tercera en un pie.

Luego se marcha de la habitación.

09:46 Norris Hall, clase 207 (Alemán Básico)

Mientras, Trey Perkins intenta hacer lo que puede por los heridos —luego los médicos le dirán que salvó las vidas de, al menos, tres de ellos—, Derek O'Dell, Erin Sheehan y Katelyn Carney están tumbados en el suelo frente a la puerta, bloqueando la jamba con sus propios pies.

Derek está hablando con la policía por el teléfono móvil. Intenta hablar en voz baja, pero no deja de hacer algo de ruido.

Una vez más, el picaporte se mueve. Cho quiere volver.

09:46 Norris Hall, clase 211 (Francés Intermedio)

Cuando el tirador se marcha, Kristina se acerca a Colin Goddard. El teléfono sigue en el suelo y la operadora pregunta si hay alguien al otro lado.

—Soy Kristina. Estoy en el aula 211 del Norris Hall. Me han dado un disparo.

—Siga hablando señorita. No deje de hablarme, se lo ruego.

—No puedo hablar. Él puede volver en cualquier momento.

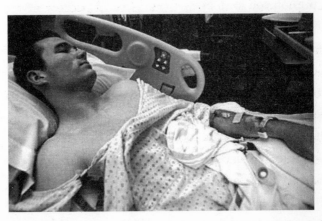

Colin Goddard, en su cama del hospital, recuperándose de los balazos

—Sólo susurre. Susurre, ¿me oye? Pero no corte la comunicación. Siga al teléfono.

En ese momento Colin se agita. Su amigo ha sido alcanzado. Kristina no va a dejarle.

—He de dejarla. Vengan pronto. Envíen ayuda.

Kristina, mareada por los tres disparos que ha recibido, se acerca a Colin Ignorando sus propias heridas, usa su suéter para tapar la herida de la pierna de Colin.

—Ya vienen, Colin. Ya vienen.

09:47 NORRIS HALL, CLASE 207 (ALEMÁN BÁSICO)

Cho nota la resistencia inicial y empuja muy fuerte. A Derek el corazón se le pone en la garganta. No ha tenido tanto miedo en su vida.

La puerta no cede al principio. La fuerza combinada de los tres estudiantes es suficiente para plantearle a Cho serias dificultades. El asesino deja de empujar la puerta. Luego recurre al método que empleó en otras clases. Dispara cuatro veces, a la altura de la cintura. Los disparos pasan por encima de los estudiantes, sin herir a nadie, pero Katelyn se distrae un momento y deja de hacer presión con los pies.

Cho vuelve a embestir la madera.

La puerta se abre un par de centímetros.

A menos de medio metro, Trey Perkins está echado en el suelo. A través de la rendija de la puerta ve el cuerpo de Cho, la ropa que lleva. No se atreve a levantar la vista.

Otro empujón. La puerta se abre un poco más.

—¡Katie, ayúdanos por Dios! —grita Derek, que siente los cuádriceps vibrar por el esfuerzo.

Katelyn, con un sollozo, se une al esfuerzo. Entre los tres vuelven a cerrar la puerta. Los pasos de Cho se alejan. No volverá.

09:48 Norris Hall, clase 206 (Hidrología Avanzada)

La penúltima incursión del asesino tiene lugar en el aula 206, donde Guillermo Colman está tendido en el suelo. Hace nueve minutos y medio, estaba sentado en su silla atendiendo al doctor L. Hace nueve minutos recibió un disparo.

El proyectil le dio en el hombro y le llegó al cuello cerca de la nuca. Cuando Partahi Lumbantouran recibió a su vez un balazo, se desplomó muerto encima de Guillermo. Una cortina de sangre procedente del cuerpo de Partahi le cayó sobre el rostro. Ahora tiene los ojos cerrados, vueltos hacia la pared, cuando Cho vuelve a la clase donde todo comenzó.

Guillermo escucha los pasos del asesino. Siente como su corazón se para durante unos instantes. Y, luego, los zapatos del asesino rozándole la pierna izquierda.

Ahí comienza a disparar de nuevo. El cadáver de Partahi, apilado encima de Guillermo, recibe otro disparo que, por suerte, no alcanza al ingeniero uruguayo de 37 años. Cho avanza entre las filas de pupitres, salta algunos y dispara aleatoriamente sobre los cuerpos. El triste balance es que 9 de los quince alumnos mueren y el resto resulta herido, con excepción de Lee Hixon y Nathaniel Krause.

09:48 Exterior del Norris Hall

Jamal Albarghouti, un estudiante palestino de 24 años licenciado en ingeniería civil, pasa en ese momento por delante de Norris Hall. Un policía le hace señales. Otro policía se acerca y comienza a gritar.

—¡Todo el mundo al suelo!

Jamal ha crecido en una tierra donde el sonido de las armas de fuego forma parte del paisaje, como el canto de los pájaros. Tal

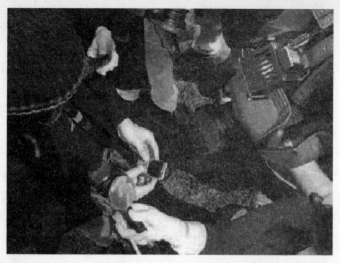

Jamal Albarghouti, un estudiante palestino, se convirtió en improvisado reportero, el único que pudo captar imágenes del tiroteo con la ayuda de ese móvil que muestra a las cámaras

vez por eso tiene menos miedo que los demás. Se acerca a Norris Hall y saca su teléfono móvil Nokia. Parapetado tras una esquina, aprieta el botón de grabación. Será un minuto y medio de video en el que quedan registrados 28 disparos, todos ellos correspondientes a la segunda y última entrada de Cho en el aula 211. Esa misma noche, las imágenes grabadas en el móvil de Jamal darán la vuelta al mundo gracias al sistema *I Report* de la CNN.[17]

09:49 NORRIS HALL, CLASE 211 (FRANCÉS INTERMEDIO)

Kristina estaba confortando a Colin, diciéndole que ya venían, cuando Clay Violand les susurra.

17. *I Report* («Yo informo») es un mecanismo por el que los espectadores y lectores de la cadena pueden enviar su propio material, como si fueran reporteros de la cadena, usando el portal web. En España, el diario *El País* copió hace unos meses esta idea bajo el nombre «Yo Periodista».

—Haceos el muerto. Si él cree que estáis muertos, entonces no os matará.

En mitad de la frase, Cho entra de nuevo en el aula. De nuevo realiza un recorrido circular. Clay Violand, que ha estado sosteniendo la mano de Hillary Strollo con la suya, cierra los ojos. Y después de cada disparo, siente que es su turno.

Ya está, Clay. La música se acabó. Ya está, ahora me toca a mí.

El asesino dispara a todos los que ve. Recarga hasta tres veces, pero en esta ocasión tiene prisa. Puede que intuya que ya no le queda tiempo. Se fija en Colin, que tiene los ojos abiertos, y le dispara dos veces más. Una en los glúteos, otra en el hombro. Colin se retuerce de dolor y grita. Kristina, que ha estado taponando su herida, se desmaya.

Clay abre los ojos con el grito de Colin. Y cuando se extingue, un ruido lejano, un disparo, le trae a la cabeza un pensamiento absurdo.

Otro tirador. Joder, es el fin del mundo.

Clay mira a Cho. Él también parece haberlo advertido.

Clay cierra los ojos.

Suenan dos disparos, casi simultáneos.

09:50 EXTERIOR DEL NORRIS HALL

El equipo de SWAT está preparado para entrar a la vez por cuatro puntos diferentes al Norris Hall.[18] Son diez personas, ocho hombres y dos mujeres vestidos con chalecos antibalas, hombreras de kevlar, cascos y armas de gran calibre.

18. Armar la operación completa les llevó apenas tres minutos. El que los agentes no entrasen a Norris Hall cuando llegaron garantizó sin duda la seguridad de los hombres implicados en la operación, pero le permitió a Cho campar a sus anchas durante 5 minutos.

El equipo de SWAT llegó unos minutos después de la policía

El asalto empieza cuando el sargento Fergusson no localiza una cizalla para abrir la puerta. El método que escoge es usar su escopeta para abrir la puerta. El estruendo del disparo llega escaleras arriba hasta el segundo piso. Hay alguien que lo oye. Que lo estaba esperando.

09:50 BUZONES DE E-MAIL DE TODA LA UNIVERSIDAD

A todo el personal docente, administrativo y alumnado de la Virginia Tech.
Un pistolero está suelto en el campus. Permanezcan en el interior de los edificios hasta nuevo aviso. Aléjense de las ventanas.

Clay está tan seguro de que va a morir que sujeta con fuerza la mano de Hilary. De pronto siente como ella se deshace de su apretón.

Asombrado, Clay ve como Hilary se pone de pie y camina unos pasos hacia el centro del aula.

Clay se incorpora a su vez y ve a Cho caído en el suelo. Hilary se derrumba encima de él. Entonces Clay comprende que, en los dos últimos disparos que casi han sonado como uno solo, el asesino ha dirigido ambas pistolas contra su cara.

Mientras los miembros del equipo alfa del SWAT comenzaban a subir las escaleras, escucharon la doble detonación que puso fin a la masacre. Al llegar al segundo piso se encuentran con un espectáculo dantesco, pero la adrenalina hace que no se fijen en nada y se limiten a buscar al tirador. Al entrar al aula de francés, encañonan a Clay Violand. El joven deja caer al suelo su móvil y levanta las manos.

—Tranquilos, tranquilos. Es ese. Es ese, ese de ahí, ¿lo veis?

Los agentes se acercan al cadáver de Cho Seung-Hui. Uno de ellos grita

—¡El tirador ha caído! ¡El tirador ha caído! ¡Etiqueta negra![19]

Cuando la adrenalina comienza a disiparse y los elementos del SWAT son conscientes del terrible escenario en el que se encuentran, quedan anonadados. Uno de ellos, con más de quince años de servicio a sus espaldas, se da la vuelta y rompe a llorar como un niño.

---

19. Clave de los miembros del SWAT para «muerto». Los elementos de ambas unidades fueron recorriendo las aulas y pasillos asignando a cada una de las personas a las que se encontraron una etiqueta. Las negras para los muertos, las rojas para los gravemente heridos, las amarillas para heridos de escasa consideración y las verdes —las menos— para aquellos que escaparon ilesos.

Segundo piso de Norris Hall

Aula 206,
Hidrología Avanzada
El profesor Loganathan y
nueve estudiantes mueren

Aula 204,
Mecánica de los Sólidos
El profesor Liviu Librescu salva la vida de
todos sus estudiantes menos de Minal Panchal
y la suya propia bloqueando la puerta mientras
sus alumnos saltan por la ventana.

Aula 211,
Francés Intermedio
Once de los 22 estudiantes y
la profesora Couture-Nowak son
asesinados. Cho se suicida allí.

Pasillo
El profesor Kevin Granata
muere al bajar a investigar.

Aula 207,
Alemán Elemental
El profesor Jamie Bishop y cuatro
de sus 15 estudiantes son asesinados.

Escaleras

Cuarto piso de West
Ambler Johnston Hall

Emily Hilscher y Ryan
Clark mueren en la
habitación 4040.

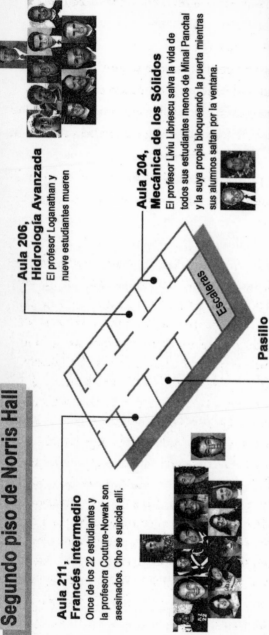

Matt Webster se despierta en mitad de un charco de sangre. Ha perdido el conocimiento durante unos segundos. Al principio no sabe dónde está, después se sobrecoge al ver tanta sangre debajo de él.

—¿Estás bien?

Enfrente de él está Daniel Thom.

—Creo que sí. Pero he perdido mucha sangre.

—No es tuya, Matt —dice Daniel, señalando con el dedo.

Matt Webster mira en la dirección a la que apunta Daniel y ve a Minal Panchal. Ella y Liviu fueron las únicas víctimas de Cho en la 204.

Los SWAT irrumpen en el aula. Tras identificarles, les obligan a salir corriendo del aula, con los brazos en alto. En el pasillo,

El sargento de la Policía del Estado Matthew Brannock ayudó a rescatar a Kevin Sterne. El joven Sterne recibió un disparo en la femoral, y sólo salvó su vida gracias a que pudo hacerse él mismo un torniquete con los cables de su iPod. Aquel 16 de abril Brannock se encontró con algo que ni él ni ninguno de sus compañeros estaban preparados para asumir. «El segundo piso era como un gigantesco charco lleno de chicos muertos o moribundos. Ni siquiera pensé. Sólo agarré al primero que respiraba —que resultó ser Hilary Strollo— y lo saqué de allí junto con tres compañeros. El segundo fue el chico de la foto. Luego volví otra vez y saqué a otra chica que había sido herida en la cara. La cuarta vez que subí sólo quedaban muertos». Brannock dice que le resulta muy extraño el que esa foto haya dado la vuelta al mundo «pero no me siento orgulloso. Simplemente cumplía con mi labor. En este momento me siento más bien enfermo por todo lo que vi aquella mañana. Necesitaré mucho tiempo para poder olvidarlo». Durante toda aquella semanz el sargento Brannock hizo turnos de 16 o 17 horas seguidas.

Matt vive una pesadilla, en algo que luego describiría a la CNN como «una alfombra de sangre y trozos de cuerpos humanos». El joven alcanza el exterior y se dirige al hospital en una ambulancia. Camino del Montgomery Regional Hospital, intenta localizar a su madre. Es imposible, así que llama a Mike, su hermano mayor, que estudia como él en Virginia Tech. Cuando lo localiza, ambos llaman a su madre en Smithfield.

Kim, la madre de Matt Webster

Kim, la madre de Matt Webster, está descargando el coche tras hacer la compra cuando su hija Barb le llama desde el porche.

—Mamá, es Mike. Dice que es urgente.

La señora corre al teléfono.

—Hola mamá. Estoy en el hospital. Te paso a Matt.

—Hola mamá. Me han disparado en el brazo. No pasa nada, estoy bien. ¿Puedes venir a Blacksburg? Oye, me están echando de aquí para atender a gente que de verdad lo necesita. Llámanos al móvil cuando llegues.

Sin descargar la compra, Kim y su marido John Babb se dirigen a toda velocidad a Blacksburg, a más de tres horas en coche, sin saber de lo sucedido más de lo que su hijo les ha contado. Cuando van por la autopista paran en una gasolinera para ir al baño y repostar. Al entrar a pagar, las noticias de la masacre en Virginia Tech les asaltan desde la pantalla del televisor.

—... el balance de muertos por ahora es entre 20 y 22...

Kim se vuelve a su marido, de repente consciente de lo que

realmente ha ocurrido, de lo que ha estado a punto de sucederle a su hijo, se marea y cae al suelo, arrastrando un montón de latas de Coca Cola.

En la Unidad de Cuidados Intensivos del Montgomery Regional, Marcus Doeren, bibliotecario de 54 años, se recupera de un pequeño ataque al corazón que sufrió en casa la noche anterior. Su pecho se encuentra recubierto de medidores y cables.

De pronto, proveniente de la cama de al lado, escucha una voz familiar, aunque tan baja que tiene que aguzar el oído para convencerse de que no es un invento de su subconsciente.

—Me llamo Hilary Strollo. Ese, te, erre, o, doble ele, o.

—¿Tienes algún recuerdo de antes de los disparos? —interviene otra voz femenina.

—No, enfermera. Sólo que fui a clase.

—De acuerdo. Procura descansar. Intentaremos localizar a tu familia.

Muy alarmado y con un enorme esfuerzo, Marcus se arranca uno a uno los cables, se levanta y va hasta una silla cercana, donde reposa su ropa cuidadosamente doblada. En un bolsillo del pantalón está su móvil, que las enfermeras han apagado. Lo conecta y hace una llamada a uno de sus mejores amigos.

—Patrick, soy Marcus. Estoy en el hospital. No, no, estoy bien, sólo ha sido una angina de pecho. Pero deberías venir cuanto antes. Tu hermana está aquí. Le han disparado.

Cuando cuelga, Marcus camina hasta la ligera cortina verde que separa las dos camas y la descorre. Hilary tiene la cabeza y el cuerpo llenos de vendas. Al ver a Marcus se echa a llorar.

El bibliotecario se arrodilla junto a ella.

—Tranquila, niña. Ya pasó todo. Ya se ha acabado.

3

EL CAMINO A LA MASACRE

A las nueve y seis minutos de la noche del 16 de abril, los investigadores llamaron a la puerta de la suite 2121. Karan Grewal, uno de los compañeros de Cho, fue el encargado de abrir. Enseguida todos se encontraron esposados y sentados en el sofá. Los policías traían una orden judicial de registro y un montón de preguntas.

Los primeros momentos tras la masacre estuvieron llenos de caos y tensión. Seis estudiantes fueron encañonados y detenidos sin motivo alguno, entre ellos éste de la foto

Joe Aust (izqda.) y Karan Grewal fueron esposados e interrogados aquella misma noche junto con el resto de compañeros de suite de Cho

No había sido sencillo llegar hasta allí. Cho no llevaba encima ninguna identificación, y su rostro había quedado completamente destrozado tras dispararse en la cara. Finalmente, los agentes encontraron la mochila de Cho en el primer piso y rastrearon su contenido, especialmente la Blackberry que llevaba consigo.

Los jóvenes respondieron que no habían visto armas en poder de Cho, pero confirmaron que su compañero era una persona extraña. De hecho, cuando se enteraron de la masacre, bromearon entre ellos con la posibilidad de que hubiese sido el joven coreano. El shock que recibieron al saber que su broma estaba plenamente en lo cierto fue enorme.

—Joder. Y pensar que este tío dormía encima de mí —dice Joe Aust. Aust y Cho compartían una litera.

Mientras los técnicos de la CSU (Unidad de la Escena del Crimen) registraban a fondo el cuarto, Joe Aust le dijo a los detectives que Cho reproducía en su ordenador una y otra vez la misma canción: *Shine*, de Collective Soul.

—No entiendo por qué no escuchaba otras cosas. Dejaba los dos ordenadores puestos día y noche descargando música pirata. Pero rara vez ponía otra que no fuera esa —dijo el joven.

LA CANCIÓN DE CHO

(SHINE)

Give me a word
Give me a sign
Show me where to look
Tell what will I find (will I find)
Lay me on the ground
Fly me in the sky
Show me where to look
Tell me what will I find (will I find)

Oh, heaven let your light shine down
(x4)

Love is in the water
Love is in the air
Show me where to go
Tell me will love be there (love be there)
Teach me how to speak
Teach me how to share
Teach me where to go
Tell me will love be there (love be there)

Oh, heaven let your light shine down
(x4)

Im going to let it shine (x2)
Heavens little light gonna shine on me
Yea yea heavens little light gonna
shine on me
Its gonna shine, shine on me
Its gonna shine, come on in shine.

(FULGOR)

Dame una palabra
Dame una señal
Enséñame dónde mirar
Dime qué voy a encontrar
Échame al suelo
Hazme volar por el cielo
Enséñame dónde mirar
Dime qué voy a encontrar

Oh, cielos, haced descender
vuestro fulgor

El amor está en el agua
El amor está en el aire
Muéstrame donde ir
Dime que el amor estará ahí
Enséñame cómo hablar
Enséñame cómo compartir
Enséñame dónde ir
Dime que el amor estará ahí

Oh, cielos, haced descender
vuestro fulgor

Voy a dejarlo brillar
La lucecita del cielo brillará en mi
Si, brillará en mi (x6)

Collective Soul

On April 16, 2007, an incident involving various firearms, resulting in multiple injuries and deaths occurred on the Campus of Virginia Tech at Norris Hall. Found at the scene of the incident was a bomb threat directed at Engineering School Department Buildings. (Norris Hall is an engineering related building)

Over the proceeding three weeks, Virginia Tech received two other bomb threat notes. A bomb threat note was found in the close vicinity of the shooting which occurred near the victims and presumed suspect who is deceased. The presumed suspect was believed to have multiple firearms including, but not limited to a Walther P22 and a Glock 9 MM handgun.

Based on the affifiant's training, knowledge, and experience in similar investigations along with countless other investigations, and discussions with other investigators who feel the same, it is reasonable to believe the note is connected with the shooting incident.

During the investigation it was revealed the presumed suspect recently purchased a handgun at a firearm's store located in Roanoke, Virginia. It is further reasonable to believe suspect is the author of the bomb threat note. Additionally it is reasonable to believe the evidence sought under this search warrant would be maintained, secreted, and stored at the presumed suspect's residence and or vehicle.

S/A Mal

AFFIDAVIT FOR SEARCH WARRANT

The undersigned Applicant states under oath:

1. A search is requested in relation to an offense substantially described as follows:
18.2-31 Capital Murder

2. The place, person, or thing to be searched is described as follows:
2121 Harper Hall Located on West Campus Drive on the property of Va Tech in the Town of Blacksburg, VA

3. The things or persons to be searched for are described as follows:
Tools, documents, computer hardware, computer software, weapons, ammunition, explosives, materials used in the manufacturing of improvised/commercial explosive devices, instructional manuals for criminal acts of mass destruction and acts of terror, including books and tapes(audio and video), writing utensils and/or paper similar to that which was used to communicate threats to Virginia Tech Campus in the recent past.

CASE NO.

2121 Harper Hall

AFFIDAVIT FOR SEARCH WARRANT

APPLICANT:

M. D. Austin
Special Agent
Virginia State Police
Salem, VA

Certified to Clerk of
Montgomery County Circuit Court on
APRIL 16, 2007

Delivered to Clerk of

RECEIVED AND FILED
APR 17 2007
8:45 pm
Montgomery Co. Circuit Court
ALLAN D. BURGE, Clerk

Reproducimos por su interés las cuatro páginas de la orden judicial que los agentes llevaron a la habitación 2121 aquella noche. En la primera página leemos cómo la nota dejada en la puerta de Norris Hall sobre una bomba sirvió para que los agentes relacionasen inmediatamente aquel hecho con las dos amenazas previas de bomba con las que Cho había pretendido crear un clima de terror: «Es razonable pensar que la nota está conectada con el tiroteo [...] cualquier evidencia encontrada en la residencia o vehículo del sospechoso debe ser conservada, almacenada y guardada en secreto»

En estas dos páginas se detallan los objetos que debían buscar los
investigadores y lo que finalmente encontraron en el dormitorio 2121

Joe también les cuenta lo que le resultaba más molesto de tener como compañero de habitación a Cho. Casi nunca apagaba la luz.

Entre el progresivo deterioro de su comportamiento se encuentra el que cada vez se acostaba antes y se levantaba de madrugada para dar vueltas al campus con su bici.

—La semana pasada tuve algo de miedo porque cuando entré estaba quemando cosas en la papelera y el fuego se extendió a una camiseta. Creí que saldríamos ardiendo todos, pero, por suerte, no fue más que un susto.

Cho no hablaba con ninguno de ellos, ni establecía contacto visual. En la única ocasión en la que salieron con él, fueron a una fiesta en la que Cho bebió grandes cantidades de alcohol y se mostró sociable, aunque fue aún peor. Habló del suicidio y de su novia imaginaria, Jelly, que era una supermodelo y que le llamaba *Spanky* (pajarillo).

—Fue muy raro. Me dijo que su novia Jelly vivía en el espacio exterior y que se desplazaba por el universo a bordo de una nave espacial. Poco tiempo después de esa conversación se puso SpankyJelly como seudónimo en el AIM[1] —dice Andy Koch, otro de sus compañeros.

Karan Grewal intervino para añadir cómo en los últimos seis meses Cho había empezado a acudir a un gimnasio casi a diario, y a usar gafas de sol incluso de noche. Ambos hicieron un resumen de cómo había sido aquella mañana.

Mientras, los investigadores del CSU recopilaron las siguientes evidencias (según la orden de registro rellenada por el agente especial de la policía de Virginia Tech que adjuntamos):

---

1. AIM es el acrónimo de *America On Line Instant Messenger*, un programa de mensajería instantánea similar al Windows MSN Messenger, más popular en España.

1. Cadena proveniente de la estantería superior izquierda del armario (luego se comprobaría que dicha cadena era idéntica a las empleadas por el asesino para cerrar Norris Hall).

2. Navaja y candado de combinación (Un examen forense de la navaja revelaría restos de sangre provenientes del propio Cho).

3. Ordenador Compaq [de sobremesa] con número de serie CND33100IL en el escritorio.

4. Documentos surtidos, blocs de notas, anotaciones del escritorio.

5. Cerradura de combinación.

6. Caja de herramientas Dremel (en la que Cho guardaba su martillo, el mismo con el que se hizo la foto que aparecería en su manifiesto enviado a la NBC).

7. Nueve libros, dos cuadernos, sobres de la estantería superior.

8. Libros surtidos y cuadernos de la estantería inferior.

9. Compact discs del escritorio.

10. Objetos del cajón del escritorio, correo, tres cuadernos, balance de la tarjeta de crédito.

11. Objetos del segundo cajón: cámara digital Kodak, llaves, extracto del banco Citibank.

12. Dos cajas de compact discs.

13. Disco duro Seagate de 80 GB.

14. Seis hojas de papel pautado de color verde.

15. Espejo con carcasa de plástico azul.

16. Herramienta Dremel con recibo.

17. [Ordenador portátil] Dell Latitude con número de serie BR3X181.

Aunque no está incluido en la orden de registro, los policías también se llevaron el ordenador de Joe Aust. El joven estaba demasiado aturdido para negarse.

En el sótano de este edificio de tres plantas de Seul vivía la familia Cho antes de trasladarse a los Estados Unidos, cuando Seung-Hui tenía ocho años

—Yo le decía cosas todo el rato. Algo así como «Eh, Seung —me había pedido que le llamase Seung—, ¿cuál es tu *major*?»[2] o «Eh, Seung, te queda bien ese jersey» o «Eh, Seung, ¿quieres bajar a comer?». Él me respondía con monosílabos, o lo que es peor, no me respondía en absoluto. Era horrible, me hacía sentir fatal.

Cuando los investigadores preguntaron a los jóvenes si tenían la menor idea de por qué Cho haría algo así, los chicos menearon la cabeza.

—Mierda. La última vez que le vi estaba en calzoncillos, dándose crema antiacné en la cara. ¿Por qué haría algo así si iba a volarse la jodida cabeza? —dijo Karan Grewal.

Para responder a la pregunta de Karan tenemos que retroceder en el tiempo hasta el 18 de enero de 1984. Ese día nació, en Seúl, Cho Seung-Hui. Durante su primera infancia vivió junto a su familia en un pequeño apartamento de dos habitaciones en un sótano. El padre de Seung-Hui trabajaba en aquellos tiempos en una librería de segunda mano y sus ingresos eran muy reducidos. Pero esa no era la principal preocupación de la familia Cho. Era el pequeño Seung-Hui. Su mutismo inquebrantable, su falta de empatía y de sentimientos.

«Cuando era pequeño no hablaba con nadie. Ni siquiera con su madre, ni siquiera para pedir comida o juguetes. No decía nada.

---

2. En Estados Unidos las carreras no son cerradas, sino que el primer año los estudiantes escogen programas abiertos y el segundo año declaran su *major* o especialidad. Es como elegir la carrera. A partir de ese momento deben seguir los programas de la universidad específicos para su *major*. Cho estudiaba Inglés.

Yo le decía a su madre que Seung-Hui era un buen niño, y ella me respondía que preferiría que fuera un mal niño y que le hablase de vez en cuando», dice Kim Yang-Soon, la tía abuela de Seung-Hui.

El padre del niño se llama Cho Seung-Tae. En su juventud, Seung-Tae había trabajado en los campos petrolíferos de Arabia Saudita. Al regresar a Corea del Sur, la familia de Seung-Tae le concertó un matrimonio con Kim Hwang-Im, la hija de una familia de granjeros que había huido de Corea durante la guerra coreana según el *New York Times*. «Ella no quería casarse con Seung-Tae porque era un patán, un paleto y mucho mayor que ella. La obligamos a casarse con él porque no queríamos que estuviese sola», dice Yang-Soon.

«Al principio creíamos que Seung-Hui era mudo o que estaba mentalmente enfermo, incluso un médico le diagnosticó autismo, pero el diagnóstico estaba equivocado. El niño no hablaba porque no quería», afirmó a *Los Angeles Times* un familiar de Seung-Hui que prefiere conservar el anonimato. «Con suerte te decía *Sí, señor* y poco más, y además no se mezclaba con otros niños. Jugaba siempre solo. A su hermana mayor ni la miraba».

La tía abuela de Cho, Kim Yang-Soon

121

El hogar de los Cho en Centreville, Virginia. Cuando la compraron por 145.000 dólares en 1997, era una zona en expansión. Para los Cho era un palacio en comparación con el sótano de Seúl. La casa se convirtió en blanco de pequeños actos vandálicos durante los días siguientes a la masacre de Virginia Tech

1984 fue un año de esperanza para la familia Cho. A los pocos meses del nacimiento de Seung-Hui, familiares que vivían en Estados Unidos les propusieron ir a vivir con ellos. La visa tardó ocho años en llegar. Cuando anunciaron a sus familiares que se marchaban a América, todos se alegraron por el pequeño Seung-Hui, pensando que un cambio de aires a una sociedad abierta y tolerante como la norteamericana sería muy positivo para su autoconfianza. Qué equivocados estaban.

El lugar elegido para empezar la nueva vida de la familia Cho fue Centreville, Virginia. Un pueblo a pocos kilómetros de Washington DC, donde Seung-Tae tenía previsto montar un negocio de lavado en seco. Éste es un campo donde los coreanos se desenvuelven muy bien, ya que proporciona ingresos seguros y el contacto con el cliente es mínimo y muy sencillo, además de cerrar los domingos.[3] De hecho, de las 2.000 tintorerías de la zona de Washington, 1.800 tienen como dueños a coreanos.

3. Los coreanos que viven en EEUU son fuertemente tradicionalistas con la religión. Más del 94% de ellos son cristianos y el 91% de ellos acude a misa cada domingo.

Pero el plan no se llegó a materializar nunca. Seung-Tae comenzó a trabajar como asalariado en una plancha desde las 8 de la mañana hasta las diez de la noche en 1992. Quince años después sigue ocupando exactamente el mismo puesto. Su mujer estuvo trabajando en la misma tintorería durante unos años, pero al cabo de un tiempo comenzó a trabajar en el comedor de un instituto ya que dicho trabajo llevaba asociado un seguro médico que podría abarcar a toda la familia. Apenas gastaban dinero: sólo ahorraban para su casa.

La vida de los Cho fue muy apartada desde el principio. No compartían las iglesias de la zona de Washington, más visitadas por los coreanos. En lugar de eso acudían a una pequeña iglesia en las afueras de Centreville. Esa falta de socialización y el hecho de no ver a sus padres apenas durante todo el día influyó sobre la personalidad de Seung-Hui aún más, como veremos más adelante.

No así sobre su hermana mayor, Sun-Kyung, que, gracias a un gran esfuerzo y a una beca de la comunidad coreana consiguió entrar en Princeton y encontrar un trabajo como contratista para el

Westfield High School, un lugar nada feliz para Cho, ya que los alumnos se mostraron muy crueles con él

departamento de Defensa. La marcha de Sun-Kyung dejó aún más solo a Seung-Hui.

«Siempre le veíamos en la cancha de baloncesto del final de la calle, a las horas en las que no hay nadie. Se llevaba su pelota e intentaba encestar, aunque no era muy bueno. Si le hablabas o intentabas ponerte a jugar con él, simplemente volvía a casa y cerraba la puerta», afirma Abdul Shash, el vecino de la puerta de al lado.

El colegio y el instituto tampoco fueron un cambio a mejor.

«Siempre supe que algo iba mal con el chico desde que se fueron allí porque nos llegaban buenas noticias de Sun-Kyung pero nunca de su hermano. Aunque ella [la madre de Seung-Hui] no llamaba más que en vacaciones, y hacía llamadas cortas. Ni siquiera vino a Seúl cuando se murió su madre porque era muy caro viajar. Pero, cuando llamaba, no hablaba de Seung-Hui y por eso sé que tenía problemas», dice Yang-Soon.

En efecto, el tiempo de instituto fue muy triste para Seung-Hui. Los alumnos no perdían oportunidad de burlarse de su mutismo, de su cara inexpresiva y de su voz profunda. Le mugían, le golpeaban y no dejaban de acosarle. Todo ello incidió aún más en su introversión.

«Recuerdo que Cho era capaz de enfadarse mucho si le hablabas pero también era muy inteligente. Estando con él en el equipo de ciencias ganamos el primer premio. Y también era muy bueno en matemáticas. No tenía tutores ni nada, todo lo hacía solo, pero lo hacía muy bien», señala Ed Nover, un compañero de clase en el Westfield High School.

Cho estaba en la banda de la escuela y tenía cierta habilidad para tocar el trombón, pero el director de la banda estaba constantemente avisándole de que debía tocarlo más alto. El joven Cho rehusaba hacerlo, como si le diese miedo emitir cualquier sonido.

«Reconozco que fuimos crueles con él», señala DG, un antiguo compañero del instituto. «Cuando algún profesor le obligaba a dar una respuesta en público, su voz era tan gutural que parecía salida de una caverna. Nosotros le arrojábamos cosas y le decíamos "Vuélvete a China [sic]"». Otros niños le ofrecían un billete de un dólar si decía algo, cualquier cosa. Cho ni les miraba. Ahora me avergüenzo de mi comportamiento. Espero que no contribuyese de alguna forma a esta pesadilla», dice DG, que pidió ser citado sólo con sus iniciales.

Christopher Chomchird y Carmen Blandon, dos compañeros de clase de Cho, aseguran que el adolescente llevaba entonces una lista de «personas a las que matar» en un cuaderno de tapas negras: «Lo vimos cotilleando entres sus cosas una vez y creímos que sería una broma. Había profesores en ella, algunos alumnos. El nombre de su padre encabezaba la lista. Ahora sabemos que no era una broma. Los jocks[4] le insultaban y le pegaban y él era un blanco fácil. Y tragaba y tragaba.»

Finalmente Cho se graduó en el instituto en 2003 aunque no se hizo la foto de graduación con los demás alumnos. En aquella época su hermana se graduó en Princeton, y la madre comentó a una vecina que «estaba orgullosa de su hija, pero que le gustaría que el que se graduase en Princeton fuese su hijo, en lugar de ir a Virginia Tech».[5]

Pero Cho fue a VT, y el cambio fue a todas luces negativo. Su madre vio que cada vez tenía menos control sobre él ya en su primer año (2003-2004), así que durante el verano acudió a una igle-

---

4. Los atletas y gente popular del instituto, a menudo descendientes de familias pudientes, lo que da una pista acerca de los «niños ricos» de los que hablaba Cho en su manifiesto.

5. La sociedad tradicional coreana es fuertemente machista, y el hombre ha de ser por fuerza más exitoso que la mujer. En una de las obras que Cho escribió, «Richard McBeef», hay retazos de esta absurda incomprensión, como veremos más adelante.

Office of the Dean

College of Engineering
333 Norris Hall, Blacksburg, Virginia 24061
(540) 231-6641 Fax: (540) 231-3031

February 25, 2000

Seung-Hui Cho

Dear Seung-Hui Cho

I would like to extend my personal congratulations on both your admission to our College of Engineering and the Marshall Hahn scholarship offer. Marshall Hahn scholarship offers are made to only the most competitive candidates. We hope you will decide to join us in the fall of 1999!

Enclosed is an invitation, tentative itinerary, and RSVP form for our annual Engineering Open House on Monday, March 29, 1999. Engineering Open House provides an opportunity for high school seniors to take another look at Virginia Tech and learn more about what the College of Engineering can offer you as an undergraduate student.

As part of Open House activities, we are also extending a special invitation to Marshall Hahn scholars and their parents. We would like for you to join us for a buffet luncheon that day in the West Dining Room of the Donaldson Brown Continuing Education Center from 12:00 – 1:00 PM. This is our way of recognizing your excellent academic qualifications!

If you can attend Engineering Open House and the luncheon for Marshall Hahn scholars, please return the enclosed RSVP form to the address at the bottom by March 15, 1999. We hope to see you on Monday, March 29th!

Sincerely yours,

F. William Stephenson /ld

F. William Stephenson
Dean

Enclosures

La carta de admisión de Cho Seung-Hui en Virginia Tech fue una alegría relativa para su madre

126

sia diferente en Woodbridge, donde el pastor le dijo que le ayudaría a «librar a su hijo de la influencia de los demonios», e intentó hablar con él, cosa que no sirvió de mucho.

Nica Giovanni durante el acto de homenaje a las víctimas de Virginia Tech

Aquel verano el pastor de la iglesia de Woodbridge se mostró muy preocupado con lo que encontró en Cho, así que le dijo a su madre «que un médico debería verle cuanto antes. Aquel chico no estaba bien. Era evidente que tenía graves problemas. Cuando se lo dije a ella, me amenazó. Dijo que nadie encerraría a su hijo. Que ella lo quería como era. Supongo que ahora lamenta amargamente su decisión», dijo el pastor.

Aunque Cho en su primer año escogió asignaturas de computación, en su segundo año cambió al inglés en lo que el psicólogo Richard Verugir ha calificado como «un desesperado intento de forzarse a sí mismo a comunicarse, lo cual indica que a un nivel consciente él sabía de su problema.

En 2005 comienzan los problemas serios para Cho Seung-Hui, cuando comienza a asistir a la clase *Creación Poética* de Nica Giovanni, una famosa poetisa norteamericana.

«La primera vez que le hemos oído decir frases completas ha sido en el video que mandó a la NBC», dice un familiar cercano a Cho. Pero ya en el instituto, Cho tenía su propio sistema de canalización del odio: la escritura. DG, su antiguo compañero en el instituto Westfield, recuerda que una vez se le cayó un papel y estaba lleno de mensajes terribles. «Decía que nos odiaba a todos y escribió muchas veces la palabra MATAR en mayúsculas».

Ese sistema se convierte en el primer signo de preocupación para alguien: su profesora. Giovanni intentó encarrilar a Cho, pero a principios de aquel año se había vuelto violento.

«Hacía fotos a las chicas por debajo de las mesas, intentando captar sus piernas. Escribía poemas brutalmente obscenos, pornográficos, en los que sus compañeras eran vilipendiadas como objetos sexuales. Llegó un momento en que tuve que poner fin a todo. No me hacía caso. No me hablaba. Así que le dije al decano que o se marchaba Cho de mi clase o me vería obligada a renunciar. Tan claro tenía que era peligroso que cuando escuché las primeras noticias de la masacre supe en el acto que había sido él, y llamé a la policía», dice Giovanni.

Otros que reconocieron a la primera el nombre de Cho fueron sus antiguos profesores.

«Yo intenté ayudarle —dice uno de sus profesores de Inglés, que no ha querido dar su nombre ya que la universidad les ha prohibido hablar con la Prensa acerca del tiroteo— Sus escritos violentos eran muy perturbadores,[6] pero lo peor es que se sentaba en clase lo más lejos posible de mí. Nunca respondía. Se ponía gafas de sol y gorra, como una protección contra el mundo. Y cuando intentabas hablarle, miraba hacia la pared. Si le cogías por el hombro era como agarrar un saco de arroz, y si le contabas un chiste para intentar arrancarle una sonrisa era como contárselo a una piedra. Muy frustrante. Contacté con el decano para informarle acerca de Cho, y ellos se lo dijeron a la policía de VT y creo que también a la policía de Blacksburg.»[7]

Pero en 2005 nada demasiado grave había sucedido, y una valiente profesora decidió asumir sobre sus hombros la responsabi-

---

6. El lector puede consultar la traducción completa de una de las obras que escribió como trabajo de clase, Richard McBeef, en el apéndice dos al final del libro.

7. La policía de Blacksburg ha negado este punto.

lidad de sacar a Cho adelante. Su nombre es Lucinda Roy. Cuando en otoño Cho es expulsado de clase de Giovanni, Lucinda Roy decide iniciar una tutoría directa con el joven coreano. Enseñarle uno a uno, de manera que no se sienta presionado por el grupo y se vea obligado a interactuar.

La experiencia fue un completo fracaso.

«Al principio vino a las clases. Nos sentábamos en un aula vacía y yo le explicaba algunos temas y después intentaba hablarle de su comportamiento. No servía de nada. Él no paraba de hacerme fotos con el teléfono móvil y no escuchaba nada de lo que yo le decía. Llegué a temer por mi integridad física. Antes de la tercera clase avisé a mi asistente para que se quedase fuera, escuchando, y si me oía decir una palabra clave —el nombre de un profesor del Departamento que ya falleció— debía llamar a la policía inmediatamente», afirma Lucinda Roy, que tras su fallido intento puso en conocimiento del Decanato que había un problema con el joven coreano.

A partir de ahí, los acontecimientos se precipitan. El domingo 27 de noviembre de 2005, una estudiante denuncia a Cho ante la policía del campus, indicando que Cho ha tenido contactos «molestos» con ella por Internet, por teléfono y en persona y que se siente acosada.

El lunes, 12 de diciembre de 2005, otra estudiante presenta una denuncia similar, hablando de «perturbadores» mensajes instantáneos en su ordenador enviados por Cho. Ella pide también que el joven «no vuelva a tener contacto con ella».

El martes, 13 de diciembre de 2005 un par de agentes de la policía visitan a Cho y le indican que «sería preferible que se estuviese tranquilito». Los policías no le conceden demasiada importancia, pero aún así pretenden asustar a Cho y lo consiguen. En cuanto la policía deja el cuarto, Andy Koch, su compañero de habitación recibe en la biblioteca un mensaje instantáneo de Cho —algo insólito— en el que dice «Yo podría matarme».

Approved by the Attorney General   DMH 1006 (Rev. 4/00)

Commonwealth of Virginia

**DEPARTMENT OF MENTAL HEALTH, MENTAL RETARDATION AND
SUBSTANCE ABUSE SERVICES**

PROCEEDINGS FOR CERTIFICATION FOR INVOLUNTARY
ADMISSION TO A PUBLIC or PRIVATE LICENSED
MENTAL HEALTH FACILITY

PURSUANT TO §§37.1 - 67.1 through 37.1 - 67.3. Code of Virginia (1950), as amended.

City
County of _Montgomery_

To wit:

PETITION

~~General District Court~~

To the Judge or Special Justice of the Juvenile and Domestic Relations District Court of the ~~County~~ City of _Montgomery_

In the matter of _Seung_ _Hui_ _Cho_
      Given Name   Middle Name(s)   Surname

Soc. Security No ▓▓▓▓ Birth Date '1/18/84 Sex _M_ Permanent Address ▓▓▓▓
                                                 St. & Number or Route No.

Centerville _VA_ _24061_
City or Post Office   State   Zip Code

Legal Resident of _Fairfax_ County _____ City

a person alleged to be _Mentally ill_
              indicate whichever applies: Mentally Ill, Alcoholic, Drug Addict

who is now in the care of _VTPD_
     Name   Address   Relationship

The undersigned petitioner alleges that the above person is mentally ill and in need of hospitalization. In support of the allegation, the

petitioner _____ submits the following facts:

☒ Prescreening evaluation has been made and the report recommending hospitalization is attached.

Wherefore, your petitioner prays that the said _Seung-Hui Cho_ be examined and accorded such
assistance provided by law.

Date _12-13_ , 20 _05_ SIGNED _Richard D. ___
Relation to person _None_ Address _—_
Phone number _231-6411_ If public officer, give title _Police Officer_

The foregoing petitioner, being duly sworn, deposes and says that the statements set forth above are true and correct to the best of his
knowledge and belief.

Subscribed and sworn to before me on this _13_ day of _December_ , 20 _05_
                                        Judge, Special Justice, or Notary Public

                                Kathy M. Godsey 961-8420
                                  Print Name   Phone Number

Commission expires on _March 31_ , 20 _07_ Title _Notary Public_

* §37.1-1(12) "Legal Resident" of Virginia means any person who is a bona fide resident of the Commonwealth of Virginia.
PRINT or TYPE ALL INFORMATION EXCEPT WHERE SIGNATURES ARE REQUIRED.
PREPARE AND SEND TO THE STATE HOSPITAL OR OTHER FACILITY TO WHICH PATIENT IS ADMITTED.

Reproducimos por su interés las cuatro páginas de la sentencia
en la que el juez Barnett encuentra a Cho mentalmente enfermo
y le obliga a seguir un tratamiento. Este documento descalifica
inmediatamente a cualquiera como posible comprador o portador
de armas en Estados Unidos

130

DMH 1006 (Rev. 4/00)

Approved by the Attorney General

Commonwealth of Virginia

DEPARTMENT OF MENTAL HEALTH, MENTAL RETARDATION AND
SUBSTANCE ABUSE SERVICES

PROCEEDINGS FOR CERTIFICATION FOR INVOLUNTARY
ADMISSION TO A PUBLIC or PRIVATE LICENSED
MENTAL HEALTH FACILITY

PURSUANT TO §§37.1 - 67.1 through 37.1 - 67.3. Code of Virginia (1950), as amended.

City/County of __Montgomery__   To wit:

PETITION

To the Judge or Special Justice of the Juvenile and Domestic Relations District Court / General District Court of the County/City of __Montgomery__

In the matter of __Seung__ __Hui__ __Cho__
Given Name   Middle Name(s)   Surname

Soc. Security No ▓▓▓▓ Birth Date _1/18/84_ Sex _M_ Permanent Address ▓▓▓▓
St. & Number or Route No.

__Centerville__   __VA__   __24061__
City or Post Office   State   Zip Code

Legal Resident* of __Fairfax__ County _____ City

a person alleged to be __Mentally ill__
indicate whichever applies: Mentally Ill, Alcoholic, Drug Addict

who is now in the care of __VTPD__
Name   Address   Relationship

The undersigned petitioner alleges that the above person is mentally ill and in need of hospitalization. In support of the allegation, the petitioner, _____ submits the following facts:
☒ Prescreening evaluation has been made and the report recommending hospitalization is attached.

Wherefore, your petitioner prays that the said __Seung-Hui Cho__ be examined and accorded such assistance provided by law.

Date __12-13__ 2005 SIGNED __Edward D. Pace__

Relation to person __None__   Address __—__

Phone number __231-6411__   If public officer, give title __Police Officer__

The foregoing petitioner, being duly sworn, deposes and says that the statements set forth above are true and correct to the best of his knowledge and belief.

Subscribed and sworn to before me on this __13__ day of __December__, 2005
Judge, Special Justice, or Notary Public

__Kathy M. Godbey 961-8380__
Print Name   Phone Number

Commission expires on __March 31__, 20_07_ Title __Notary Public__

*§ 37.1-1(12) "Legal Resident" of Virginia means any person who is a bona fide resident of the Commonwealth of Virginia.
PRINT or TYPE ALL INFORMATION EXCEPT WHERE SIGNATURES ARE REQUIRED.
PREPARE AND SEND TO THE STATE HOSPITAL OR OTHER FACILITY TO WHICH PATIENT IS ADMITTED.

131

GENERAL INFORMATION

Place of Birth _____

Marital status: Single _____   Married _____   Widowed _____   Divorced _____

Separated _____   Unknown _____

Race _____

Religion: Protestant _____   Catholic _____   Jewish _____   Other _____   Unknown _____

Occupation _____

Nearest Relative or Correspondent _____

| Name | Address | Telephone No. | Relationship |

PHYSICIAN'S EXAMINATION

Mental information:

State briefly mental symptoms of patient: _Oriented x 4. Affect is flat and possibly_
depressed. but denies suicidal ideation. He does not exhaustively
symptoms of a thought disorder. his insight and judgment
are normal.

When first observed _12/14/05_ _____   How rapid development _____

Has patient attempted suicide: Yes _____ No _✓_ If yes, explain _____

_____

Has patient attempted homicide: Yes _____ No _✓_ If yes, explain _____

_____

If mentally retarded, state intellectual level, if available _____

Has patient had previous psychiatric care? Yes _____ No _✓_ Unknown _____

If yes, name hospital, clinic or private psychiatrist

Name	Address
Name	Address
Name	Address

Alcoholic habits (state briefly, if known) _none_

Drug habits (state briefly, if known) _none_

Physical information:

State briefly any present or recent physical disease, illness or injury _none_

_____

Is patient on medication? Yes _____ No _✓_ If yes, what _____

_____

_____

A.   COMMONWEALTH OF VIRGINIA

County of _____

I, the undersigned physician, do certify that I have this day personally examined the person named in the foregoing petition and as the result of such examination have sufficient cause to believe that he (is/was) mentally ill; that he (does/does) not present an imminent danger to (himself/others), or (is/is not) substantially unable to care for himself, as a result of mental illness; and that he (does/does not) require involuntary hospitalization. Further, I am not related by blood or marriage to the individual on whom the petition is filed and have no interest in his estate.

Given under my hand this __14__ day of __Dec.__ 20 __05__

820 University City Blvd. Suite 1
Blacksburg, VA 24060

Doctor of Medicine (type/print)

Signature

NOTE:
This certification of examination shall not e accepted or used as evidence at any hearing under §37.1-67.3 of the Code of Virginia (1950), as amended, UNLESS such examination be made within the five (5) days immediately preceding such hearing and provided there is no objection to the acceptance of same by the person or his attorney. The positive certification of at least one physician is necessary to commit the person named in the petition.

B.   I certify that upon the appearance before me of the person named in the petition, on this __14__ day of __Dec__, 20 __05__, I informed him of his right to make application for voluntary admission and treatment as provided for in §37.1-65, his right to a full and impartial hearing in the event that he should refuse to make application for voluntary admission, his right to representation by counsel, the basis for his detention, the standard upon which he may be detained, his right to appeal such hearing to the circuit court, and his right to a jury on appeal. I then ascertained if he was represented by counsel.

(Check One)   ☐ A voluntary admission requested (complete DMH Form 1005-B)
            ☒ A hearing requested
            ☐ A hearing required due to incapacity to consent to voluntary admission and treatment

(Check One)   ☒ Represented by counsel of own choosing
            ☐ Counsel appointed

Judge or Special Justice

Title _Special Justice_

C.   I certify that I, an attorney-at-law, served as counsel for the person named in the foregoing petition, that I interviewed such person and all witnesses, if any, in his behalf, prior to any hearing, and that after my employment or appointment as counsel, I did represent the person named in the foregoing petition at all proceedings conducted by the judge or special justice pursuant to the foregoing petition.

#57-1360734

Address

Subscribed and sworn to before me this __14__ day of __Dec__, 20 __05__

Judge or Special Justice

Title _Special Justice_

D.   (Execute only if hearing requested.)
I hereby certify that the person named in the foregoing or the attorney-at-law representing such person requested a hearing on the question of his admission. Such hearing was held on this day __19__ day of _____ 20____ and the following witnesses were summoned:

Name	Address	Relationship
NONE		
Name	Address	Relationship
Name	Address	Relationship
Name	Address	Relationship

JUDGE OR SPECIAL JUSTICE
Special Justice

Un empleado de la NBC sostiene el manuscrito original de Cho

Andy se alarma mucho y llama al delegado de estudiantes y al padre de Cho, cuyo teléfono encuentra en las páginas blancas. Ambos alertan a la policía del campus de que Cho podría suicidarse aquella noche.

La policía vuelve al dormitorio de Cho y le lleva al Hospital Psiquiátrico Carilion St. Albans, donde el psicólogo Roy Crouse determina enseguida que Cho representa «un peligro inminente para sí mismo y para los demás como resultado de su enfermedad mental, por lo que aconsejo su ingreso permanente». La policía le lleva ante el juez de guardia Paul M. Barnett, que certifica lo dicho por Roy Crouse y obliga a Cho a seguir el tratamiento que el doctor Crouse disponga. En el momento en el que se dicta sentencia, Cho es liberado y no vuelve a poner un pie en la consulta de Crouse. Nadie se aseguró de que la sentencia se cumpliese, ni la universidad, ni el juzgado, ni los Servicios Sociales.

El psiquiatra Marcus Randt cree que este punto es «el momento en que Cho se rompe». Todo está contra él, y a partir de ese momento las ilusiones paranoides que ha ido sufriendo comienzan a concretarse. Pero como todo psicótico, Cho empieza a desarrollar una habilidad para aparentar normalidad y hacer planes a largo plazo».

LOS MESES ANTERIORES A LA MASACRE

Tal vez por eso los siguientes meses son relativamente tranquilos, siendo lo más remarcable que Cho se apunta a un curso sobre horror contemporáneo en el que se analizan películas extremadamente violentas como *La Matanza de Texas* a principios del curso 2006-2007.

El dos de febrero, de 2007, Cho encarga una pistola por Internet. Es la P22, y la adquiere a través de TGSCOM Inc. La recoge una semana después en la casa de empeños JND de Blacksburg, justo enfrente de la escuela de primaria. Nadie le pone ninguna pega.

En marzo, Cho alquila una habitación de motel en Roanoke y los servicios de Chastity Frye, una stripper. Chastity dice que el joven pagó, no habló apenas durante la hora de actuación y que hacia la media hora intentó tocarla. A pesar de ser una función privada, no deja de ser un «sólo mirar», y Chastity se opuso al contacto. Cho se volvió a sentar y exigió que siguiese bailando hasta el final de la hora.

El lunes, 12 de marzo, Cho alquila una furgoneta Kia Sedona de color borgoña en la que grabó algunos de los mensajes que envió a la NBC.

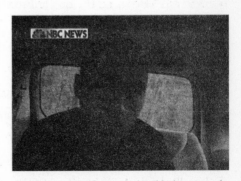

La furgoneta Kia que alquiló durante el mes anterior a su muerte

John Markell, el hombre que le vendió a Cho la pistola, no tiene ningún sentimiento de culpa por lo ocurrido

El martes, 13 de marzo, Cho cierra el círculo comprando su Glock 19 en la tienda Roanoke Firearms, enseñando todos los documentos que la ley exige para ello: su carnet de conducir de Virginia, su tarjeta de residencia y un talonario de cheques. John Markell, el dueño del establecimiento, comprueba los antecedentes del chico en el ordenador de la tienda, con conexión directa con el FBI. El historial de Cho está limpio, a pesar de que hace dos años quedó incapacitado para comprar armas de fuego tras la sentencia de inestabilidad mental.

«No me siento responsable en absoluto de que Cho comprase aquí una de las pistolas con las que mató a tanta gente, ya que yo fui muy escrupuloso con el procedimiento y la compra del arma fue legal. Por supuesto que me siento mal por lo sucedido, pero yo sólo cumplí con mi trabajo», aseguró John Markell.

Otras compras que los investigadores han podido seguir a través del rastro de su tarjeta de crédito son:

- Cadenas gruesas en Home Depot: las usadas para cerrar la puerta de Norris Hall.
- Compra por eBay[8] de cargadores vacíos a Elk Ridge Shooting Supplies en Idaho, así como a otro proveedor cuyo nombre

8. Su seudónimo de eBay, *blazers5505*, tenía un índice de satisfacción del 98,5%. Según Hani Durzy el responsable de Prensa de eBay, «Cho vendía entradas de fútbol americano para ver al equipo de la universidad, libros y películas de temas violentos».

no ha trascendido. En el momento de concluir el tiroteo, Cho había disparado más de 170 balas y tenía otras doscientas distribuidas por los bolsillos de su chaleco militar.

- Pantalones militares.
- Varios modelos de gafas de sol.
- Cajas de balas en tiendas deportivas.
- Un cuchillo de caza, que nunca usó.
- Guantes de trabajo de color negro, varios pares.
- Tickets para el uso del campo de tiro Roanoke PSS Range, que se anuncia como «el único campo de tiro cubierto de Roanoke». Más tarde los empleados recordarían a Cho grabándose a sí mismo en el parking del establecimiento.

Se escapa del alcance de este libro —no de la intención del autor— el realizar un exhaustivo análisis de la lasitud con que los Estados Unidos de América trata el tema de la posesión de armas. Mientras escribo estas líneas, en los informativos y periódicos de todo el mundo aparece la historia de Bubba Ludwig (en la imagen con su padre Howard), un bebé de diez meses al que su orgulloso progenitor le ha gestionado el permiso de armas. Le costó tan solo tres cartas, sesenta dólares y un par de fotos. También le compró una Beretta del calibre 12. «Se la guardaremos hasta que cumpla los 14. Mientras tanto, su permiso de armas quedará genial en su álbum de bebé». La noticia habla por sí sola. Que el lector me perdone, pero yo, como padre, sólo puedo calificar a este señor de imbécil.

Cho dedica el resto de los días de marzo y primeros de abril a preparar el material de su manifiesto —grabando y tomando las fotos en la habitación de un hotel que alquila el ocho de abril— y a practicar con sus nuevos juguetes.

Una de las preguntas más importantes que los investigadores le hicieron a los compañeros de Cho tuvo que ver con Emily Hilscher. El hecho de que fuese ella el primer objetivo de Cho intrigaba profundamente a la policía. Los compañeros de Cho negaron conocerla o haber escuchado su nombre alguna vez.

Desde el principio, en los medios de comunicación estadounidenses se aceptó sin reservas la teoría de que el hecho de que fuera Emily Hilscher el objetivo primero de Cho —con Ryan Clark como víctima colateral— era algo errático, totalmente al azar. Sin embargo, todos los psicólogos y criminalistas consultados por el autor han negado categóricamente esa posibilidad, hecho que re-

Exterior de Roanoke Firearms, el lugar donde Cho compró su arma más potente

fuerza un detalle muy importante. La policía de Virginia Tech sugirió en conferencia de Prensa que «probablemente el asesino entró en West Ambler Johnston y fue buscando víctimas por la zona de los ascensores». Alegaban que el hecho de que Hilscher —como casi ninguna chica de la residencia— no cerrase la puerta por la noche era la razón por la que Cho la eligió. Sin embargo, se negaron a contestar en esa misma rueda de Prensa a la pregunta de si habían encontrado huellas de Cho en otros picaportes distintos al de la habitación 4040. Fuentes de la policía de VT confirmaron fuera de las cámaras que no habían encontrado huellas en ningún otro lugar.

Demasiadas casualidades. Y la teoría se complica aún más cuando aparece el testimonio de Randy Elmore.

Randy Elmore, de 54 años, es un hombre rudo y endurecido, de manos curvas y andar vacilante. Es el encargado del campo de tiro Jefferson National Forest, un lugar muy apartado del campus —prácticamente no hay nada por esa zona— aunque en distancia son sólo doce kilómetros.

La mañana del 17 de abril, Elmore estaba viendo la televisión en su pequeña oficina del campo cuando vio el rostro de Cho Seung-Hui y lo reconoció inmediatamente.

«Soy un desastre para los nombres, pero nunca olvido una cara, sobre todo teniendo en cuenta la poca gente que viene por este campo de tiro. Quién querría, habiendo otros mucho mejores al norte. Bueno, pues este chico venía. Venía cuatro, cinco veces a la semana desde hace varias semanas. Venía, disparaba una caja y se iba. Nunca decía nada. Nunca miraba a nadie», dice Elmore.

Agentes de la ATF[9] se presentaron en el campo tras recibir la llamada de Randy Elmore y confirmaron que Cho había sido un

---

9. La Agencia de Alcohol, Tabaco y Armas de Fuego, la agencia gubernamental más grande de los EEUU, por delante incluso del FBI y de la CIA.

La masacre de Virginia Tech se convirtió a la semana siguiente en un obsceno videojuego realizado por un estudiante australiano sin escrúpulos

cliente habitual. Recogieron también un cubo de metal de unos sesenta centímetros de alto, lleno de casquillos de bala del calibre 22.

«Recojo los casquillos porque me ayudan a salir adelante. Se los vendo a una armería de Roanoke. Los del calibre 22 me los pagan a 1,10 dólares la libra. Una basura. Tienes que recoger mil cartuchos para llenar un cubo de 5 galones,[10] así que es más trabajo que beneficio. Pero el cubo que se llevaron los de la ATF estaba casi lleno con las balas de ese chico. Por aquí era el único que tiraba con un 22. El resto de la gente prefiere tirar con un 35 o un 45. El 22 es poco potente, nada del otro mundo. Él nunca usó nada más potente».

Pero la auténtica bomba saltó cuando los agentes casi se iban. Elmore les dijo que había reconocido en las fotos de la tele a otra de las víctimas: Emily Hilscher. Una rápida comprobación les permitió a los agentes confirmar que Karl Thornhill era un habitual del campo de tiro y que Emily Hilscher y Heather Haugh le habían acompañado en ocasiones.

«Coincidieron cinco o seis veces, que yo recuerde. Siempre cuando estaban las chicas, y siempre llegaban ellas primero. Eso

10. Unos 19 litros.

fue lo que les dije a los policías. Y entonces me metí en un lío. Por la tarde vino a verme un ayudante del sheriff del condado y me recomendó que no contase a nadie más esta historia si no quería meterme en líos», afirma Elmore.

Las presiones que ha sufrido Elmore tienen explicación. Para el buen nombre de la universidad —que son los que pagan y mantienen a la policía de Virginia Tech— es mucho más cómodo tener a un asesino de masas que explota sin

En la habitación 2121 se encontró una copia de esta película coreana ultraviolenta

previo aviso un lunes por la mañana, que el haber cobijado entre sus muros a un acosador obsesivo durante casi dos años sin haber hecho nada para pararle los pies. El valor neto de Virginia Tech en estos momentos se acerca a los tres mil millones de dólares, con una facturación anual en concepto de honorarios académicos de 440 millones. Demasiado en juego para permitir que la verdad eche por tierra la reputación de VT.

Cho adopta la pose del cartel de Old Boy

El 13 de abril, tres días antes de la masacre, la policía recibe tres amenazas de bomba en Torgersen Hall, Durham Hall y Whittemore Hall. Aunque no ha sido posible probarlo más allá de toda duda, los investigadores creen que fue Cho el responsable de las amenazas de bomba. Primero porque el autor de las llamadas anónimas tenía una voz muy grave, y segundo porque sería una manera excelente de testear la capacidad de respuesta de la universidad ante una emergencia. Oficialmente la policía no ha admitido nada a este respecto.

UN PATRÓN BIEN PLANIFICADO

«Vi a Satanás y a Dios obrando al mismo tiempo. La maldad, un espíritu maligno vibraba a través de ese chico. Lo supe, lo sentí. Igual que sentí cómo Dios apartó de mí las balas para que no me dieran en la cabeza». Así describió Garret Evans, uno de los estudiantes heridos por Cho, a su agresor horas después de la tragedia.

Pero esta descripción —el mal encarnado— es tan pobre como describir el asesinato de Hilscher como «aleatorio». Según el doctor William Kneus, los actos de Cho seguían «un patrón bien establecido y planificado. Su primera muerte tenía para él un significado simbólico muy especial, por lo que no podía en absoluto ser aleatoria. La primera, Emily. El último, él. Ése era el plan. Simple-

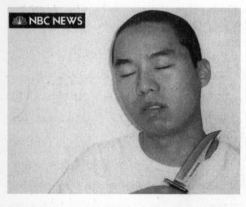

Las tendencias suicidas de Cho se muestran en esta imagen

mente porque Cho se había encaprichado de ella, al igual que se había encaprichado antes de las otras chicas a las que acosaba y que le denunciaron. Desconocemos si hubo algún tipo de contacto entre ambos —me inclino a pensar que no— pero tengo una teoría. Para Cho esto era una boda sangrienta, y los muertos de en medio, sus invitados».

Una teoría que no comparte para nada el psicólogo Paul Wong, que coincide, sin embargo, con Kneus en señalar que «el primer homicidio no es aleatorio en ningún caso. Cho sabía lo que hacía, le llevó meses prepararlo, así que la policía se equivoca poniendo paños calientes sobre esta cuestión. Probablemente sólo es un efecto rebote derivado de su sentimiento de culpa por haber señalado, en principio, que Cho era el amante despechado de Hilscher, algo que molestó mucho al entorno de la joven estudiante», afirma Wong.

Para el doctor Wong, Cho había experimentado dificultades «comunes a muchos nuevos inmigrantes. El estrés cultural, la barrera del lenguaje, la pobreza y la discriminación, combinados con su enfermedad mental, le empujaron lentamente por el precipicio».

«Podemos entender su horrendo crimen dividiéndolo en dos partes bien distintas. Comencemos por el daño que inflige a otros, o daño exterior. Éste tiene a su vez dos episodios. El primero es un ataque muy concreto a una mujer, su particular forma de posesión ya que su deficiencia comunicativa no le permitía una relación saludable, lo que redunda en elevadísimos niveles de ansiedad sexual reprimida. El segundo es su explosión final, su acto de autorrealización, intentando hacer algo *grande*. De esta manera, su daño exterior se convierte en expresión de odio acumulado que restaura el honor y su humanidad —desde sus propios baremos trastornados— tras muchos años de sentirse inútil y humillado. El acto de daño interior o dirigido hacia sí mismo lo tenía planeado desde hacía mucho tiempo, ya que apenas podía soportar su vida. Combinando los dos factores él cree morir como un héroe, como una figura mesiánica», concluye Wong.

EL MANIFIESTO DE CHO

Para comprender la figura de Cho es esencial una pista que llegó a manos de la opinión pública por el medio más inesperado. El miércoles 19 de abril a las 11 de la mañana, el cartero llegó al edificio de la NBC en Nueva York, en el Rockefeller Plaza. Le recibió como cada día el encargado de correo. Cuando le estaba pasando las dos sacas de correo para la redacción de informativos, el cartero sacó un sobre que tenía apartado.

—Deberías echarle un vistazo a esto. Viene de Blacksburg. Tenía que haberos llegado ayer pero la dirección del sobre estaba mal.

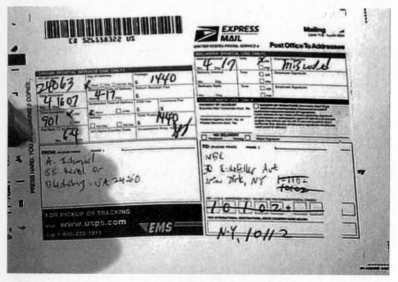

El sobre que Cho envió a la NBC

144

EXTRACTO DE
LAS PALABRAS DEL MANIFIESTO

• Vosotros habéis vandalizado mi corazón, violado mi alma y prendido fuego a mi conciencia. Pensabais que era la vida de un patético chico la que estabais extinguiendo. Gracias a vosotros, yo muero, como Jesucristo, para inspirar a generaciones de los débiles y los indefensos.

• ¿Sabéis qué se siente cuando escupen en tu cara y te empujan basura por el gaznate? ¿Sabéis qué se siente cuando cavas tu propia tumba?

• ¿Sabéis qué se siente cuando te rajan la garganta de oreja a oreja? ¿Sabéis qué se siente al ser quemado vivo?

• ¿Sabéis qué se siente al ser humillado y empalado en una cruz? ¿Y dejado desangrar hasta la muerte para vuestra diversión? Nunca habéis sentido ni una simple onza de pánico en vuestra vida. ¿Queréis inyectar tanta miseria en nuestras vidas como podáis simplemente porque podéis?

• Teníais todo lo que queríais. Vuestros mercedes no eran suficientes, mocosos. Vuestros collares de oro no eran suficientes, esnobs. Vuestros fondos de inversión no eran suficiente. Vuestro vodka y coñac no era suficiente. Toda vuestra charlatanería no era suficiente. Todo eso no era suficiente para llenar vuestras hedonistas necesidades. Lo teníais todo.

• No tengo que hacer esto. Podría huir. Pero no lo haré, no correré más. No es por mí. Es por mis hijos, por mis hermanos y hermanas que vosotros jodisteis. Lo hice por ellos. Cuando el tiempo llegó, lo hice. Tenía que hacerlo.

El sobre en cuestión tenía como remitente a A. Ismail, 88 Re-vol(ution) Drive, Blacksburg, Virginia. Enseguida el encargado de correo de la NBC recordó las famosas palabras ISHMAIL AX que se habían encontrado en el brazo del asesino escritas con tinta roja.

En los Estados Unidos, los servicios de correos de las grandes empresas de noticias como la NBC, la ABC o la CNN tienen un encargado de correo que está entrenado para detectar envíos sensibles. Las grandes compañías empezaron a formar a sus emplea-dos en este campo tras lo sucedido en los años 70 con el asesino del Zodíaco, un asesino en serie que enviaba mensajes en clave y pistas sobre su identidad al *San Francisco Chronicle* (y nunca fue atrapado). Por eso, el encargado de correo se puso unos guantes de látex y le entregó el sobre directamente a Mike Orlan, redactor jefe de noticias impresas en NBC News. Orlan se puso a su vez unos guantes de látex y abrió el sobre.

«Supe que iba a ser un problema desde el momento en que lo abrí. Había unas cuantas páginas impresas y un DVD suelto, sin caja», dijo Orlan. «Cuando vi lo que era, me quedé con la boca abierta».

Cinco minutos después, Orlan se encontraba varios pisos más arriba con Steve Capus, presidente de la NBC. La conversación fue muy breve e inten-sa. Ni por un momento se plantearon no emitir el material. La pregun-ta era cuánto del mate-rial podrían emitir sin que la opinión pública se los comiese vivos. Se plantearon si ese mate-rial no habría sido en-viado a más gente. Fi-

El doctor Wong cree ver en ésta imagen la adopción de una postura crística/mesiánica

nalmente, Capus tomó la decisión de emitir un quince por ciento de los 27 videos, extractar las fotos del manifiesto y salir al aire con ello en las noticias de la noche. Eso daría tiempo a preparar un anuncio público y un pequeño spot.

Antes de abandonar el despacho de Capus, Orlan tuvo una idea genial. Pasarle a la competencia una mínima fracción del material.

—Tendrán que emitirlo, Steve. Ninguno se atreverá a no hacerlo. Y todos tendrán que citar la fuente. Hoy, todos los medios de comunicación del mundo estarán anunciando NBC. Y todo el mundo verá el programa de esta noche.

Mike Orlan salió del despacho, hizo una fotocopia en color del manifiesto, cinco copias del DVD y volvió a colocarlo todo en el sobre. Llamó al FBI y les dijo lo que habían recibido.

La tormenta que se desató contra la NBC en Estados Unidos fue enorme. Millones de americanos siguieron las palabras de Cho a través de la cadena, que consiguió que todos los medios les redirigiesen a su propia audiencia. Muchos alabaron a la NBC por su «afán de transparencia» y muchos más criticaron la «explotación de la tragedia y el hacerle el juego al asesino. Cho sólo quería fama y fama es lo que obtiene. Los medios me dan asco», decía el padre de una de las víctimas aquella misma noche tras cancelar una entrevista que tenía previsto conceder a la NBC.

La pregunta es pertinente: ¿Cho sólo quería fama? ¿Qué había tras su hermético rostro?

Un perfil psicológico de Cho Seung-Hui

Michael Jarolla, ex profiler del FBI, autor de la introducción de este libro, contribuyó con valiosas informaciones a la redacción de éste y de otros capítulos. El siguiente perfil psicológico se basa

en sus conclusiones y las del doctor Kneus. Ambos han estudiado a fondo las acciones y palabras de Cho Seung-Hui y aportan la valiosa información que sigue:

El historial de Cho es el de un ser humano extremadamente perturbado. A menudo los que le conocían le han retratado como alguien tímido, vergonzoso, callado. Nunca hablaba y cuando hablaba decía cosas extrañas, como cuando un compañero de cuarto le hizo un comentario acerca de Putin y Cho le respondió que había estado tomando copas con él recientemente ya que ambos crecieron juntos en Moscú. Cho mostraba una clarísima falta de juicio social y de habilidades de relación. En el momento en que intentaba —deseaba— intimar con alguien sus esfuerzos se convertían en acoso, como el caso de las dos mujeres en otoño de 2005. Su percepción de los demás era como seres que le percibían a él como inferior.

Además de su fuerte reclusión, Cho sufría de ansiedad de la evaluación, sintiéndose permanentemente juzgado, una característica que hereda de su infancia y adolescencia. Los abusos que sufrió en el colegio, combinados con sus carencias comunicativas, eran un círculo vicioso que fomentaba esta característica.

Considerando como correcta nuestra aseveración inicial de que Cho era un psicótico con desorden alucinatorio de tipo persecutorio, el odio de Cho hacia los «otros» podría interpretarse como un «síntoma de restitución». Ese síntoma representa la explicación al hervidero

Eric Harris y Dylan Klebold

emocional que el enfermo experimenta: proyección de la culpa en «los otros». La comparación entre una persona normal y una enferma echándole la culpa de sus problemas al entorno es como comparar un petardo y cien kilos de dinamita.

La vigilia en Drillfield por las víctimas de la matanza

Algunos paranoicos construyen un caso de conspiración contra ellos a través de pequeños fragmentos, usualmente iniciados por un detonante externo más o menos real, como el caso del juez intentando llevar a Cho a una institución mental. En este estado se produce una asociación por simpatía con actitudes extremas, como la alabanza de Cho a «Eric y Dylan,[11] esos mártires». No es sino una identificación con el poder y el cambio radical.

Las pruebas o el pensamiento racional para una persona sufriendo este trastorno no cuentan. Las evidencias que contradicen las teorías se ignoran, la realidad se deforma hasta coincidir con las propias fantasías. Es un mecanismo de defensa erróneo del cerebro para huir hacia áreas en las que el sujeto tiene el control, aunque sean áreas irreales.

La patología del poder es su consecuencia directa. Tras una vida en la que fue abusado y se sintió abusado —no necesariamente en ese orden— Cho comenzó a buscar el poder sobre la vida y muerte de otros. En su manifiesto multimedia, Cho parece una persona muy intensa, centrada en sí misma, rígida. Es

---

11. Los autores de la masacre del instituto de Columbine, en la que murieron 15 personas.

una faceta de Cho que ni siquiera sus propios padres conocían. Aquella era otra persona. Con esa actitud, Cho construye un razonamiento —absurdo a todas luces, pero real para él— con el que justifica su necesidad de la explosión y autorrealización que va a suponer su masacre. Aún en los casos más extremos de enfermedad mental, el ser humano está programado para NO hacer lo que Cho hizo. Por eso llena el vacío entre su válvula de escape y sus dudas con argumentos irreales, retorcidos, exagerados e irracionales.

Sus referencias vagas y sus afirmaciones extremadamente emocionales responden entre otras razones a una necesidad de criticar su propio origen —a sus propios padres— mediante circunloquios. El sujeto podría haber recibido abusos sexuales de niño de sus progenitores o familiares más cercanos.

Lo que está claro es que a partir del punto en que decide acabar con todo y hacer todo el daño que pueda, ya no hay vuelta atrás. Durante los meses previos a la masacre, Cho probablemente estuvo más sereno y centrado que durante toda su vida. Para las personas con su desorden alucinatorio persecutorio, detenerse significa volver al abismo oscuro de su propia cabeza. Y eso no es una opción.

Apéndice 1
EL MANIFIESTO DE CHO

Reproducimos por su interés un extracto del manifiesto de Cho en idéntico formato en el que llegó a la NBC.
Oh, la felicidad que yo podría haber tenido entre vosotros, hedonistas, siendo considerado como uno de vosotros, si no me hubierais dado una jodida paliza de cojones. / Vosotros podríais haber sido grandes, yo podría haber sido grande. Preguntaos qué me habréis hecho para obligarme a limpiar la pizarra

¿Estáis contentos ahora que habéis destruido mi vida? ¿Ahora que me habéis robado todo lo que podíais? Ahora que habéis creado un 11-S en mi vida como el jodido Osama. Ahora que habéis jodido a vuestra propia gente como el jodido Kim Jong-Il. ¿Ahora que habéis ido de safari por mi vida como el jodido Bush? ¿Estáis contentos ahora?

El número del Anti-Terrorista/¿Quieres violarnos, John Mark Karrs?
¿Quieres violarnos, Debra LaFaves? Que os follen.
(*Cho cita el nombre de dos famosos criminales sexuales norteamericanos
relacionados con menores*)

Toda la mierda que me disteis, derechita de vuelta a vosotros con punta hueca / ¿No deseáis haberme liquidado cuando tuvisteis la oportunidad? ¿No deseáis haberme matado?

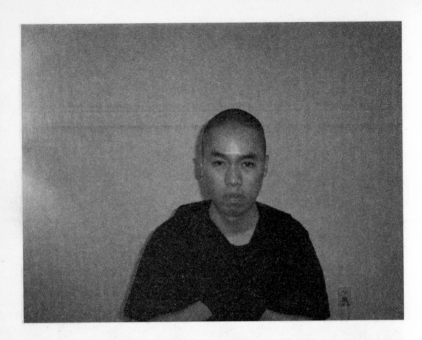

¡Que empiece la revolución!

«El momento que más cerca estuve de Cho Seung-Hui fue durante una de nuestras tutorías. Le dije que tendría que aprender a comunicarse con los demás y él, por primera vez, me habló.

—Yo no sé cómo hacer eso.

—Bueno, podrías probar a acercarte a alguien y decir "Hola, cómo estás".

Cho se quedó muy callado durante un rato y luego me dijo.

—Creo que lo probaré alguna vez.

Cuando leí que ésa fue la frase que dijo justo antes de empezar el tiroteo, me eché a llorar».

Lucinda Roy,
ex profesora de Cho Seung-Hui

Apéndice 2

LA ESCRITURA DE CHO

RICHARD MCBEEF

POR: SEUNG CHO (CHO SEUNG-HUI)

PERSONAJES

Richard McBeef   Padrastro, 40 años
Sue   Madre, 40 años
John   Hijo, 13 años

ESCENARIOS

Sala de estar, sótano, coche

ACTO PRIMERO

ESCENA 1

(Es por la mañana. El sol brilla a través de las ventanas de la cocina. John entra a la cocina, toma una barrita de cereales y le quita el envoltorio. Richard McBeef está sentado en la cocina con las piernas cruzadas, leyendo el periódico)

RICHARD: Hola, John.

(Le lanza una sonriza forzada).

JOHN: ¿Qué hay, Dick?

(Richard arruga el ceño)

RICHARD: Llámame papá.

JOHN: No eres mi papá y lo sabes, Dick.

(John mastica furiosamente su barrita de cereales)

RICHARD: Ven, siéntate. Tenemos que hablar de hombre a hombre.

(Richard pone una de las sillas de la mesa frente a él)

JOHN: Hombre a hombre y una mierda, idiota.

(John le mira con asco y pasa al salón. Enciende la tele,
Richard lo sigue y se le enfrenta)

RICHARD: No seré tu padre biológico pero soy tu nuevo padre. Vivimos bajo el mismo techo. Necesitamos llevarnos bien. Vamos, hijo, dame una oportunidad.

(Gentilmente, Richard le pone una mano sobre una pierna)

JOHN: ¿Qué demonios haces?

(John golpea la mano de Richard)

JOHN *(Continúa)*: ¿Qué te crees, un sacerdote católico? ¡No me dejaré abusar sexualmente por un padrastro viejo, gordo, calvo y pedófilo llamado Dick! Maldito seas, sacerdote católico. Basta, Michael Jackson. Déjame adivinar: tienes una mascota llamada Dick en tu rancho y quieres que te la acaricie, ¿verdad?

RICHARD *(Suspira e ignora el comentario)*: ¿Qué quieres de mí, qué quieres que haga? ¿Por qué me tienes tanta rabia?

JOHN: Porque asesinaste a mi padre, para poder follarte a mi madre.

RICHARD: Alto ahí. Fue un accidente de lancha, hice todo lo que pude para salvar a tu padre.

JOHN: ¡Mierda! Estás lleno de mierda, McBeef. Ya veo los kilos que has engordado. ASESINASTE a mi padre y lo encubriste. Cometiste una conspiración. Igual que el gobierno con John Lennon y Marilyn Monroe.

RICHARD: ¿QUÉ? ¿QUÉ?

(Molesto, logra atisbar a ver un periódico viejo que dice en su titular: El encubrimiento de Marilyn Monroe y John Lennon)

JOHN: Trabajaste para el gobierno. Como conserje, al menos. Odiabas que mi padre estuviera con mi mamá. Sabías que mi mamá era demasiado para mi padre. ¡Así que lo mataste y la robaste, hijo de puta!

RICHARD: Basta...

JOHN: ¡No, Dick! Cállate la boca y escucha...

RICHARD: Tú...

JOHN: ¡¿Yo qué?! ¿Quieres que te meta este control remoto por el culo, amigo? No lo vales, hombre. Este control remoto costó cinco dólares, tú eres una...

RICHARD: YA BASTA.

(Levanta la mano para golpear al hijastro, pero antes de que pueda hacerlo la madre de John baja las escaleras)

SUE: ¡Dios mío! ¿Qué está ocurriendo?

(Abraza a John y lo escolta hacia el otro lado del sofá)

SUE *(Continúa)*: ¿Qué le haces a mi hijo? Dijiste que tendrías una charla bonita con él, para entenderos. ¡Y esto es lo que te descubro haciendo! ¿Qué clase de padrastro eres? ¡Fingiendo ser bueno con esa sonrisa falsa en tu gorda cara! ¡Dime lo que intentabas hacer! Ibas a pegarle, maldito seas Richard.

RICHARD: Él estaba...

SUE: ¡No quiero escucharlo!

(Sue le dice a John que se vaya a su cuarto, pero él se queda observando el espectáculo a mitad de la escalera)

RICHARD: ¡Te lo juro, Sue! Intenté hablarle, me llamó hijo de puta.

SUE: ¿Cómo te atreves? ¡John NUNCA diría algo así, mi pobre niño! Acaba de perder a su padre hace sólo un mes. ¡Muéstrale compasión! ¡Vaya padrastro!

JOHN: ¡Trató de tocar mis partes privadas!

SUE *(Sorprendida)*: ¡Mierda! Ups, lo siento, John. Tu, Dick, hijo de puta...

(Se acerca a Richard y lo abofetea varias veces. Se quita los zapatos y lo golpea realmente fuerte)

RICHARD: *(Usa sus enormes brazos y complexión fuerte para separarse de Sue)*: Sue. Sue. Sue. ¡Escúchame!

SUE *(El gesto la asusta)*: ¡Dios mío! ¿Qué tratas de hacer? ¡Vas a golpearme también!

(Ella huye hacia la cocina y toma lo primero que encuentra, que es un plato)

SUE: ¡Quieto! Quieto! o te...

(Tira el plato, que se despedaza en su cabeza, pero él no se mueve)

SUE: TÚ, gordo asqueroso. ¡John! ¡Ve a tu cuarto y enciérrate!

(Ella corre hacia el sótano)

SUE: ¡Eres un bisexual psicótico violador asesino! ¡No me sigas por favor! ¡No me asesines!

(Le lanza llaves y tubos que están en el suelo pero no le hiere)

RICHARD: No he hecho nada. OK, no te sigo.

(Se detiene y se arrodilla. Ella lanza otros objetos
contundentes contra él)

RICHARD: ¡Déjame explicarte! ¡John es un adolescente buscapleitos!

SUE: ¡Oh Dios! ¡Eres un pedófilo!

RICHARD: ¡No! No... cariñito.

SUE: ¿Cariñito?

RICHARD: Cariñito. ¿No me crees? John es un chico malvado que no puede aceptar la muerte de su padre. Lo superará. Sólo necesita más tiempo.

SUE: ¿En serio?

RICHARD: Sí. Ahora, ¿por qué no vamos a la cama y lo hacemos a cuatro patas, como te gusta, cariñito?

JOHN: *(En su habitación, ríe y lanza dardos a un objetivo cuya diana es el rostro de Richard)*: Lo odio. Tengo que matar a Dick. Tengo que matar a Dick. Dick debe morir. Matar a Dick... Richard McBeef. ¿Qué clase de nombre es ese? El nombre de un imbécil. No me gusta. Y mira su cara. Qué cara de imbécil. No me gusta nada su cara. ¿No crees que puedo matarte, Dick? ¿No crees que puedo matarte? Listo, le di en un ojo. Le di al otro ojo.

(Corre hacia el sótano y se pone al lado de su madre)

JOHN: Este gordo asesinó a papá. Me lo dijo cuando dormías, mamá. Y me violó.

SUE: ¿Qué? ¡¡¡Ah!!!

(Ella toma una sierra eléctrica y la apunta hacia Richard.
Él huye de la casa y se mete en su auto. Treinta minutos

después, John sale y se sienta en el puesto del copiloto
comiendo una barra de cereal)

JOHN: ¿No te parece que hoy está muy soleado? ¡Es un día fantástico!

(John se queda mirando a Richard con una mirada
retadora)

JOHN: Adivina, Dick. ¿Quieres saber algo? ¿Quieres saber por qué no me gustas? No tienes dinero para mi mamá. Apenas ganas el sueldo mínimo. Todo lo que haces es eso del cariñito. ¡Cariñito! ¡Cariñito! ¡Pedazo de mierda! Eras conserje. Eres un camionero. Enseñaste en un preescolar por dos meses. Y ahora te haces llamar chef, pero eres un calentador de hamburguesas. Vuelve por dónde viniste. El pináculo de tu carrera fue ser jugador de fútbol, y eso te duró tres semanas. ¡Tienes el sol en la espalda! Mírate, todo gordo y flojo. ¿Quieres que te llame papá? OK, papá. Eres un imbécil. Y porque te folles a mi madre, parece que eso te duró tanto como tu patética carrera, tu pedazo de mierda, eyaculador precoz. Chúpate esa, hijo de puta McBeef.

RICHARD: ¡No te atrevas a hablarle así a tu padre!

JOHN: Cómete esto, pedazo de culo.

(John mete la barra de cereal medio comida contra la
garganta de su padrastro e intenta asfixiarlo)

RICHARD: ¡AHHHHH!

(Empuja a John y saca la barra de cereal)

JOHN: ¡Jódete, PAPA!

RICHARD *(De puro dolor y rabia, Richard levanta sus enormes brazos y le propina un golpe mortal al niño de trece años.)*